La Magie

ET

LA DIVINATION

CHEZ LES

CHALDÉO-ASSYRIENS

PAR

A. LAURENT

PARIS
LIBRAIRIE DE L'ART INDÉPENDANT
11, RUE DE LA CHAUSSÉE-D'ANTIN, 11

1894

LA MAGIE

ET

LA DIVINATION

La Magie

ET

LA DIVINATION

CHEZ LES

CHALDÉO-ASSYRIENS

PAR

A. LAURENT

PARIS
LIBRAIRIE DE L'ART INDÉPENDANT
11, RUE DE LA CHAUSSÉE-D'ANTIN, 11

1894

LA MAGIE ET LA DIVINATION

CHEZ LES CHALDÉO-ASSYRIENS

Toute étude sur la magie doit forcément se scinder en deux grandes divisions : l'une traitant de la magie blanche ou défensive, l'autre de la magie noire ou agressive. Mais, avant d'aborder la première de ces divisions, la nature même du système magique mésopotamien nous oblige à dire quelques mots de la religion des peuples qui l'ont mis en pratique.

La religion primitive, celle de la couche ethnique la plus ancienne de la Chaldée, était plutôt une crainte des forces physiques qu'une religion proprement dite. Pas de système métaphysique à cette époque ; tout au plus un essai d'ordination, de hiérarchie, suscité par la différence d'intensité que ces populations primitives avaient remarquée dans les effets des diverses forces physiques. Bien que cet état primitif ne soit, à notre connaissance, exclusivement établi par aucun texte jusqu'à ce jour, il résulte cependant à l'évidence pour nous du simple raisonnement et de la déduction logique qui s'impose à l'esprit de quiconque étudie les religions révélées par les textes cunéiformes. Ce qui domine, en effet, dans les textes religieux accadiens de l'époque la plus reculée qui nous soit connue, c'est la crainte immense qu'on avait des Esprits (forces physiques) et de leurs manifestations malfaisantes. « La religion d'alors n'était évidemment qu'un schamamisme grossier, semblable à celui que pratiquèrent les peuples turcs avant d'embrasser l'islam. » (Hommel : *Geschichte Babyloniens und Assyriens*).

Lorsque la religion primitive des Esprits fut coordonnée à l'état de système, elle se présenta, encore chaotique pour ainsi parler, sous la forme suivante : un nombre assez restreint de dieux et de déesses de premier rang, auxquels on donna, d'ailleurs, une multitude de noms et les attributions les plus diverses ; à côté de ces dieux et de ces déesses, une foule d'Esprits ou divinités inférieures.

L'extériorité du culte ne consistait que dans des cérémonies de conjurations dirigées contre les influences de toute nature des démons et des esprits inférieurs (Igigi, Anunnaki [1], Namtar, etc...) Toute une série de tels mauvais esprits est énumérée dans les plus vieilles formules magiques accadiennes, et leurs influences nuisibles sur les hommes sont exposées et décrites de toutes les manières. Ordinairement, ils se présentent en groupes de sept et viennent du désert[2],

[1] *U* doit toujours se dire *ou* dans la transcription des mots accadiens ou assyro babyloniens.

[2] — Ainsi, par exemple, les démons de la tempête, *lilla*, par abréviation *lil* ; cf. la Lilith de la Bible : Jesau, 34, 14.

ou de l'intérieur de la Terre et de la profondeur des eaux, ou enfin des vastes régions de l'atmosphère. Une incantation bilingue nous montrera d'ailleurs l'idée qu'on s'en faisait.

« Incantation ! Sept ! Eux, [ils sont] sept ! et ils ne [sont] pas femelles, ils ne [sont] pas mâles, ils ne grandissent pas, ils n'ont pas pris d'épouses, ils n'enfantent pas de fils ; la crainte, la force, ils ne les connaissent pas ; l'offrande ni la supplication, ils ne les entendent pas ; comme le cheval, qui [est] dans la montagne, ils sont grands. De En-ki (E'a) ils sont les ennemis ; les révoltés contre les Dieux, ce sont eux ! Ils s'établissent en ennemis dans le chemin et détruisent par leur sifflement ! Sept ! Ils sont sept ! et encore deux fois sept !

Esprit du Ciel, conjure-les ! Esprit de la Terre, conjure-les !

Conjuration de ces mauvais génies : Esprit de Rammânu, roi de la bonne parole, conjure-les !

Esprit du Soleil, roi du jugement, conjure-les ?

Esprit des Anunnas, dieux très grands, conjure-les !

Conjuration de ces mauvais génies. »

(W, A. I., IV, 2)

Tous les malheurs imaginables, qui frappent les hommes ou leurs biens, sont leur œuvre: en première ligne les maladies, puis les inondations et les tremblements de terre, les pertes de toute nature, la stérilité, etc... A la fin des formules de conjuration, qu'on opposait à ces malheurs et que le prêtre devait réciter en s'entourant d'un certain appareil, on trouve la phrase suivante, véritable mise en demeure faite aux démons par le prêtre exorciste d'avoir à déguerpir et à cesser leurs maléfices : « Esprit du ciel conjure-le ! Esprit de la terre, conjure-le ! » suivant la version assyrienne, — et : « l'Esprit du ciel puisse-t-il le conjurer ! l'Esprit de la terre puisse-t-il le conjurer ! » d'après le texte accadien (Zi-anna hi-pa, zi-ki'a hi-pa). Ces deux Esprits ont visiblement tenu le plus haut rang : l'Esprit du Ciel était considéré comme l'incarnation, la personnification de tous les mauvais démons, nommés fréquemment ses messagers et ses fils ; l'Esprit de la Terre, au contraire, représentait le bon principe.

Lorsque l'Esprit du ciel était considéré comme le Seigneur des démons, on le nommait En-lilla (en « Seigneur », lilla « démons »). A une époque relativement récente, bien qu'encore fort reculée, on différencia Anu (le Ciel) et En-lilla ; et ce dernier répondit alors au dieu supérieur, au « Seigneur » (Bêlu, Bêl) des Sémites. Cette différenciation était déjà accomplie au temps de Gudê'a (Inscription de la statue B au Louvre). L'Esprit de la Terre ou le « Seigneur de la Terre » (En-Ki'â-gi ou En-Ki'â, plus tard simplement E'a) était la personnification de la profondeur des eaux, de l'eau primordiale ou du limon humide originel (chaos). Puis, à côté du dieu de la Terre, on conçut plus particulièrement un dieu de la Mer. En même temps, on lui adjoignit toute une série de divinités nouvelles, qui toutes ensemble ne sont que des modes de cette eau primordiale, et auxquelles on donna un lien de parenté. De ces divinités nous ne mentionnerons que le fils aîné de E'a, le premier-né de « la profondeur des eaux » : ce dieu s'appelait Murru ou Mirri ou encore Mirri-lu-Dugga ou enfin Mirri-Dugga (c'est-à-dire Mirri du dieu Dugga, « le Bon, » ou de E'a [1].) Il jouait le rôle d'intermédiaire entre E'a et l'homme, pour conjurer « l'Esprit de la Terre » et chasser les mauvais esprits. Une preuve en est, entre beaucoup d'autres, dans les deux passages, nous pourrions dire les colloques suivants, que l'on trouve dans des formules de conjuration :

Mirri-Dugga a vu sa misère (de l'homme malade).
Vers son père En-Ki (E'a) il va dans la maison et dit :
« Mon père, le délire est venu du monde souterrain. »
Et pour la seconde fois, il lui parle :
« Que doit faire cet homme ? il ne sait pas comment obtenir du secours. »
Alors En-Ki répondit à son fils Mirri-Dugga :
« Mon fils, que ne sais-tu pas déjà ? que dois-je encore t'apprendre ?
Mon fils, que ne sais-tu pas déjà ? Que dois-je encore t'enseigner ?
Ce que je sais, tu le sais aussi.
Va, mon fils Mirri-Dugga, prends un vase

[1] C'est le Silik-mulu-Khi de Fr. Lenormant.

et va chercher de l'eau à l'embouchure du fleuve,
et fais pour cette eau ta pure conjuration,
et asperges-en cet homme, le fils de son dieu.
. . . . sa tête, ceins-la.
. . . .
et sur la grande route répands-la (l'eau). »
LE PRÊTRE : Le délire de sa tête puisse-t-il se délier (s'en aller) !
La maladie de sa tête, qui comme un spectre ? de la nuit l'exorcise, puisse-t-elle s'éloigner !
La parole de En-Ki puisse-t-elle l'expulser !
(*au patient* :) La déesse Dun-gal-nunna [1] puisse-t-elle te guérir !
Que l'image favorable de Mirri-Dugga, le fils aîné de la profondeur des eaux (abzu, ἄβυσσος) soit tienne !

(W. A. I., IV. 7).

La première partie de la seconde formule est identique à celle de la précédente ; la différence ne se présente qu'à partir de la ligne 10 :

Va, mon fils Mirri-Dugga,
apporte-le (le malade) dans la maison de la pure aspersion ;
son exorcisme délie-le, son exorcisme annule-le.
Le mal de son corps, le [mal] ravageur,

[1] « La grande épouse de la demeure des eaux. »

qu'il soit l'exécration de son père [1]
ou l'exécration de sa mère
ou l'exécration de son frère aîné
ou l'exécration de compagnes inconnues à l'homme, —
l'exorcisme, au moyen de la conjuration de E'a
comme l'ail qu'il soit pelé,
comme la date hâtive qu'il soit coupé,
comme la fleur qu'il soit effeuillé !
L'exorcisme, ô Esprit du Ciel conjure-le !
L'exorcisme, ô Esprit de la Terre conjure-le ! [2]

(W. A. I. IV, 22).

Par simple consonnance, Amar-utugga (abrégé en Mar-udug, le Merodach de la Bible), divinité locale des habitants de Babylone primitivement, fut, dans le cours du temps, identifié à Mirri-Dugga, le fils de En-Ki ou E'a.

Pour préciser le caractère des esprits néfastes, tels que les concevaient les Chaldéens, nous

[1] C'est-à-dire : qu'il soit le résultat de l'exécration de son père, etc... Nous avons là une allusion aux effets des exorcismes de la Magie noire.

[2] Pour cette partie finale, depuis « Va, mon fils Mirri-Dugga ! » il n'y avait, semble-t-il, aucune formule adoptée ; mais le prêtre exorciste devait, suivant les besoins, intercaler une exécration assortie. Nous y voyons que l'ail, la date hâtive et la fleur jouaient un rôle dans les cérémonies conjuratoires ; et, quand les lignes 19, 20 et 21 étaient récitées, le prêtre devait joindre l'acte à la parole et peler un ail, couper en morceaux une date hâtive et effeuiller une fleur.

donnerons le commencement de deux vieilles formules conjuratoires accadiennes des plus énergiques :

« L'Impétueux (nom d'un démon) destructeur, qui déchire tout, le démon ennemi qui accomplit la destruction de (au nom de) l'Esprit du Ciel,
le démon de la peste (Namtar), le fils favori du dieu En-lilla, le rejeton de la déesse Nin-Ki-gal (Allâtu) ;
Au-dessus (c'est-à-dire dans le ciel) ils coupent, sur la terre ils jettent des embûches ;
eux, ils sont l'engeance (mot à mot l'image, la forme) de l'enfer (mot à mot de la demeure des morts).

Deuxième formule.

(W. A. I. IV, I col. I).

« Eux, les rejetons de l'enfer, en haut ils apportent le désordre, en bas ils apportent la confusion..... De maison en maison, ils pénètrent ; comme des serpents sous les portes ils se glissent. Ils empêchent l'épouse d'être fécondée par l'homme ; ils enlèvent l'enfant des genoux de l'homme ; ils font sortir la femme de la maison où elle a enfanté. Ils sont la voix qui crie et poursuit l'homme. »

En dehors des deux Esprits supérieurs (l'Esprit du Ciel et celui de la Terre), se dessina, avons-nous dit, toute une série de divinités des eaux et de la lumière, dont le culte a eu pour point central le lieu appelé Nun-Ki (« lieu de l'eau primordiale ») et situé près de « l'embouchure du fleuve », c'est-à-dire du Tigre et de l'Euphrate réunis.

Ces divinités des eaux prirent même une telle importance que les plus anciens princes de la Babylonie connus de nous, les rois d'Ur et de Sirgulla (environ 4000-3000 ans avant. J. C.), portent le plus souvent des noms dont les éléments composants leur sont empruntés (Ur-Han, Ur-Ba'ü, Dun-ginna : Dun n'est qu'un des noms de Ba'ü).

Les démons et les mauvais esprits sortent de l'Enfer (Kur-nu-ki, mat la taïrat, « lieu, pays sans retour »)[1] et plus spécialement de l'Aral (« île » au milieu de l'eau primordiale, sous la terre) et de l'Ikur des morts[2]. Ils se glissent partout et se dissimulent sous toutes les formes pour nuire aux bons esprits et aux hommes. Quiconque est leur victime n'a qu'une ressource contre leurs attaques : c'est de combattre leurs effets par une conjuration contraire, qui enchaîne à son service la toute-puissance de E'a, le dieu suprême, et de Mirri-Dugga, son fils. Aussi s'attachait-on à honorer ce dernier dont Nergal-schar-uçur (Nériglissar) nous dit, dans un cylindre (*Processus of Biblical Archeology Society*), qu'il est « le dieu de la science brillante, dont le commandement pèse beaucoup sur les Anges

[1] W. A. I. IV, 22, l. 51.
[2] W. A. I, IV, I, col. 1, l. 12.

(Igigi) [et] dont la domination suit son cours chez les Ondins (Anunnaki). »

Mais si les fondements de la religion assyro-babylonienne furent établis par les Accadiens et les Sumériens, son achèvement fut l'œuvre des Sémites, qui d'ailleurs n'auraient peut-être jamais rien édifié sans ces fondements. Comme tous les autres Sémites, les Babyloniens sémitiques honoraient originairement un dieu supérieur, qu'ils nommaient simplement Bêlu (Ba'al) « le Seigneur » et aussi Ilu (El) « Dieu » et qu'ils pensaient habiter l'espace lumineux. C'est cette croyance qui leur fit prendre le soleil pour son symbole principal, comme aussi les étoiles furent pour eux sacrées par excellence à cause de leur éclat, réfléchi de cet astre divin. Quand, à l'époque où s'accomplit la grande réforme religieuse qui devait substituer la religion sémitique définitive à la religion accadienne des Esprits, on donna une forme savante à la théogonie, les dieux nouveaux n'exclurent pas les anciens ; leurs noms seuls changèrent et leurs attributions furent mieux définies. Plus tard même, les Assyriens adoptèrent ce dernier système métaphysique sans changement, et en se contentant de mettre en tête du Panthéon leur dieu local Aschur.

Le nombre sept continua aussi à être un nombre fatidique. C'est qu'en effet il répondait aux sept planètes (y compris le soleil et la lune) considérées comme la manifestation des dieux créateurs. Chaque planète eut sa sphère ou son ciel, et ces sept sphères n'eurent au-dessus d'elles que la sphère du Dieu suprême et invisible. Les temples en forme de tours à sept étages (zikûrat) furent la représentation symbolique de cette hiérarchie céleste, et Nabu-Kudurra-uçur (Nebokadrezar de la Bible) nous le prouve dans un passage d'une inscription où il parle «du temple des sept sphères du Ciel et de la Terre».

PREMIÈRE PARTIE

LA MAGIE

I

MAGIE BLANCHE

Pour se défendre contre les attaques des démons, l'homme devait se ménager des alliés parmi les dieux et les esprits, se munir d'armes offensives et défensives, en un mot avoir recours à la magie. Dès lors les hymnes à la divinité prenaient tous plus ou moins la tournure d'incantations où le prêtre jouait le rôle de sorcier.

Les textes qui nous font connaître les formules magiques ou conjuratoires, ou bien sont disséminés dans des textes historiques ou de bâtisse, ou bien ont été réunis, collationnés et traduits par les ordres d'Aschur-bâni-abla. (Asurbanipal), au VIIe siècle avant notre ère. C'est la traduction de quelques-uns de ces textes que nous donnons dans cette étude. Par les *invocations* on appelait la bénédiction du dieu et on sollicitait son appui. Par les *exorcismes* et les *conjurations*, on expulsait les mauvais esprits, on les empêchait de faire le mal, ou bien on en neutralisait les effets. Par les *objurgations*, on forçait les maladies à faire trève aux souffrances du patient, on se préservait soi-même et ses amis des dangers présents ou des périls futurs. Par les *imprécations* enfin, on appelait le malheur sur celui que l'on considérait comme son ennemi. Les textes de cette dernière nature rentrent dans le domaine de la magie noire et nous en donnerons quelques-uns dans le dernir chapitre de cette première partie de notre étude.

Les uns et les autres textes nous montrent que la magie chaldéenne, non plus que l'assyrienne, ne prétendit jamais contraindre les dieux ; elle se contenta de les implorer. Elle ne prétendit jamais non plus pénétrer la connaissance du mot divin tout puissant qui reste toujours lé secret de E'a.

A. — *Invocations.*

Les formules d'invocations sont nombreuses. Elles sont de deux sortes : ou bien elles s'offrent à nous sous la forme de véritables hymnes, de psaumes de pénitence ; ou bien elles sont incluses dans les inscriptions où les rois racontaient leurs œuvres de bâtisseurs. Voici des exemples des unes et des autres.

1° Texte bilingue de psaume

Publié par M. Haupt dans les *Etudes accadiennes*, p. 116.

LE PÉNITENT : «...... vivant de...... le prosternement du visage des créatures vivantes. Moi ton serviteur, j'ai imploré le repos.

LE PRÊTRE : Celui que l'iniquité possède, celui que voient tes entrailles, cet homme vit. O dominatrice de la totalité de ces choses ! ô maîtresse de l'humanité ! Miséricordieux, il devient bon, il prend pour lui (c'est-à-dire il accepte, il écoute) la lamentation ; [aussi] son dieu et sa déesse sont-ils avec lui. Es-tu irritée contre lui ? Il t'implore !... Saisis sa main.

LE PÉNITENT : Aucun dieu hormis toi ne possède la loyauté.

Regarde [moi] loyalement, aie pitié de moi, accepte ma lamentation. Jusques à quand te dirai-je : « Que ton cœur s'apaise ! » Jusques à quand, ô ma déesse, ton visage se détournera-t-il [de moi] ? Comme la tourterelle je gémis, je soupire une plainte. [O celle qui accomplit] l'ordre de En-lillal ! O glaive tranchant ! O créatrice des dieux ! O celle qui accomplit l'ordre de En-lillal ! factrice de la vertu ! maîtresse de l'humanité ! créatrice de la totalité [des hommes] !

directrice de toutes les naissances ! O mère Ischtar, dont aucun dieu n'approche la puissance !

Maîtresse première, dont l'ordre est dominant ! Plaise au dieu du Ciel qu'il dise son précepte, qu'il fasse ce qui est bon pour moi ! O ma Dame ! au jour de ma naissance...... ma nourriture, les larmes sont mon vin, les larmes sont ma boisson. [Mon] courage ne paraît plus, je ne suis pas maître de ma marche, [1] douloureusement je pleure, [mon] cœur est attristé.

O ma Dame, fais-moi connaître le lieu de repos, crée m'[en] un,

Pardonne mes péchés, change ma face.

O ma divinité, maîtresse des victimes ! [2]

Que [ma] victime brûle !

O mère, ô ma Dame, ô Maîtresse de l'offrande ! Que [mon] offrande soit consumée !

Déesse de l'Ouest, Dame des montagnes ! que [ma] victime brûle !

LE PRÊTRE : O toute gracieuse ! Dame de toute la campagne ! que [son] offrande soit consumée !

Déesse sublime du Ciel [et] de la Terre ! ô toi, la sublime Erisîba (Eridu), que [sa] victime brûle !

O Mère de la grande Demeure [de l'a-

[1] Mot à mot : « Je ne marche pas [étant mon] maître. »

[2] Des offrandes de victimes (?)

bîme ?], que [son] offrande soit consumée !

2° Hymne au dieu Feu

(W. A. I., IV, 14, 2, verso)

LE PRÊTRE : « Incantation ! O dieu Feu ! prince du commandement, dominant dans le pays (ou : sur la terre) !

O dieu Feu ! Ta flamme est brillante, étincelante. Dans la maison enténébrée tu fais la clarté.

Tu fais la destinée de tout ce qui porte un nom.

Le fondeur du bronze et de l'étain (?), c'est toi ; l'affineur de l'argent et de l'or, c'est toi. Le second (c'est-à-dire le compagnon) de la déesse Nin-Kasi, c'est toi. Celui qui, la nuit, détourne la poitrine (c'est-à-dire met en fuite) du méchant, c'est toi.

Que le cœur (? ou le corps) du fils de son dieu soit purifié ! comme le ciel qu'il soit brillant ! comme la terre qu'il soit éclatant ! comme le milieu du ciel qu'il soit resplendissant ! [La langue (parole) mauvaise qui l'a exorcisé, ne la laisse pas à ses côtés !][1].

[1] La traduction de cette dernière phrase n'est pas très certaine, car le texte est presque illisible.

3° Psaume de pénitence adressé à Anunit (Ischtar [1])

Haupt : *Keilschrifttexte*, n° 19)

LE PRÊTRE : « . . . . il élève sa lamentation vers toi;
. . . . il élève son gémissement vers toi;
de sa face, qu'il ne conserve pas à cause de ses larmes, il élève la lamentation vers toi;
de ses pieds, auxquels des chaînes sont rivées, il élève la lamentation vers toi;
de sa main, que la langueur épuise, il élève la lamentation vers toi,
de sa poitrine, qui produit des gémissements comme une flûte, il élève la lamentation vers toi.

LE PÉNITENT : O Maîtresse ! dans l'affliction de mon cœur je dirige vers toi ma plainte attristée ; dis : « Ah ! qu'il [trouve] donc enfin [le repos !] »
O Maîtresse ! dis à ton serviteur : « C'est assez ! » Que ton cœur s'apaise !
A moi, ton serviteur, qui ai mal agi, accorde ta compassion !

LE PRÊTRE : Dirige vers lui ton regard, accueille sa supplication !
A ton serviteur, contre qui tu es irritée, fais grâce !

[1] Ce psaume est antérieur à Zâbu et par suite à l'année 1990 av. J.-C.

LE PÉNITENT : O Maîtresse ! mes mains sont liées, je t'embrasse fortement.
Devant le héros vaillant, le dieu Soleil, l'époux de ton amour, prends mon parti,
pour que je puisse te consacrer en échange une vie de longs jours.
Mon dieu [1] éclate en lamentations devant toi : puisse ton cœur s'apaiser !
Ma déesse t'adresse une prière : puisse ton cœur s'adoucir !
Le Vaillant, le Héros du Ciel, l'époux de ton amour, puisse-t-il te faire connaître ma prière !
[Le Dieu Ischun ?], ton conducteur (libir) sublime, puisse-t-il t'annoncer ma prière !
. . . . le Puissant du Ê-Babbara (temple du Soleil), puisse-t-il t'annoncer ma prière !

LE PRÊTRE : Dirige loyalement ton regard vers moi, puisse-t-il te dire !
Dirige loyalement ton regard vers moi, puisse-t-il te dire !
Que ton cœur s'apaise, puisse-t-il te dire !

[1] Chaque homme est placé, dès la naissance, sous la protection d'un dieu et d'une déesse dont il est le serviteur et comme le fils, et qu'il n'appelle jamais que son dieu et sa déesse. Ils veillent sur lui pour le garder des êtres invisibles qui rôdent constamment autour des hommes et les assiègent de tous côtés. S'il est impie, violent, de mauvaise foi, « son dieu le coupe comme un roseau », et le livre aux démons qui se glissent dans son corps, et y produisent la maladie.

Que ton esprit se calme, puisse-t-il te dire !
Que ton cœur, comme le cœur d'une mère [pour] ses enfants, s'apaise !
Comme [celui d') une mère [pour ses] enfants, comme [celui d'un] père, qui a engendré un fils, qu'il se calme !

4° Psaume de pénitence [adressé] à Anunit (Ischtar)

(W. A. I, IV, 29, N° 5)

LE PÉNITENT : . . . .
Moi ton serviteur, ô [Déesse,] plein de gémissements je t'appelle.
Qui a péché, tu acceptes sa supplication fervente.
Regardes-tu un homme [avec compassion], cet homme vivra.
Puissante par dessus tout, Maîtresse de l'humanité,
Miséricordieuse, à qui on fait bien de s'adresser, qui accueilles le gémissement !

LE PRÊTRE : Alors que son dieu et sa déesse sont irrités contre lui, il t'appelle.
Tourne vers lui ton regard, saisis sa main !

LE PÉNITENT : Hormis toi, il n'y a point de divinité loyale.
Loyalement regarde [avec pitié] vers moi, accepte mon gémissement !
Dis : « Ah ! que pourtant enfin [il trouve le repos !] » et que ton cœur s'apaise !

Combien de temps encore, ô ma Maîtresse, ton regard se détournera-t-il ?
Comme une tourterelle je me plains, je me saoûle de gémissements !

LE PRÊTRE : De Ah ! et de Hélas ! son cœur est douloureusement affligé :
Il verse des pleurs, en cris de douleur il se répand !

. . . .

(La fin manque.)

5° Hymne

Publié dans W. A. I., IV, 18, 3.

Nota : Le texte est très mutilé, mais le sens général en ressort assez clairement pour qu'on puisse essayer d'en donner une traduction.

« Les couronnes. . . . . pasteur élevé. . . sur les trônes et les autels (?). . . . . . le sceptre de marbre (?). . . . . pasteur élevé. . . . . .

Que le réseau des canaux. . . . [il le possède],

Que la montagne, qui donne des tributs, [il la possède],

Que les pâturages du désert, qui donnent des tributs, [il les possède],

Que les . . ? . . d'arbres à fruits, qui donnent des tributs, [il les possède] !

Pasteur de son peuple qu'il [ait] le soleil dans sa main droite, qu'il [ait] la lune dans sa main gauche !

Que le démon favorable, le colosse favorable, qui régentent la seigneurie et la royauté, pénètrent dans son corps !

6° Hymne au Soleil

W. A. I. IV, 17, verso).

« Toi qui fais dissiper les mensonges, toi qui écartes la mauvaise influence des prodiges, des pronostics mauvais, des rêves, des songes mauvais, toi qui déjoues les projets mauvais, qui perds (mènes à la perte) les hommes et les pays qui font des sortiléges et des maléfices, j'ai enfermé devant toi dans des monceaux élevés de grains leurs images (des mauvais esprits). . . . .

Ne laisse pas venir les faiseurs de sortiléges qui sont endurcis. . . .

. . . .

Que les grands Dieux, mes créateurs, prennent ma main !

O Toi, change (guéris) ma face, prends ma main !

Prends-la, Seigneur, lumière du monde, Soleil !

Voici maintenant un extrait de la grande inscription de Tuklâti-pal-ischarra 1er (Tiglatpilesar 1er) publiée par M. Wilh. Lotz sous le titre : *Die Inschriften Tiglatpilesars* 1er, Leipzig, 1880. Le roi appelle la bénédiction des dieux sur celui de ses successeurs qui restaurera les temples d'Anu et de Rammânu.

col. 8, l. 50 sqq. « Pour les jours à venir, pour les temps futurs, pour toujours, quand cela sera : le jour où les temples d'Anu et de Rammânu, les grands Dieux mes Seigneurs, et ces tours à étages (Zikûrat) seront devenus vieux et décrépits, un prince à venir devra relever leurs ruines, purifier avec de l'huile mes tablettes et mes inscriptions de fondation, offrir un sacrifice, les remettre à leur place, et écrire son nom près du mien. Comme [ils l'on fait] pour moi, puissent Anu et Rammânu, les grands dieux, le protéger, lui aussi, dans la joie du cœur et l'obtention de la puissance !

B — Conjurations et talismans

1° Conjurations

Les conjurations contre les esprits malfaisants sont très nombreuses, mais d'une monotonie excessive. On commence par énumérer les démons contre lesquels est faite la conjuration, par préciser leur pouvoir et en décrire les effets. Puis on exprime le vœu d'en être préservé et de les voir repoussés. Enfin la formule se termine par la phrase stéréotypée qui finit toutes ou presque toutes les formules magiques et qui semble, par suite, nécessaire pour leur donner de l'efficacité : « Esprit du Ciel, conjure-le ! Esprit de la Terre, conjure-le ! » Quelquefois, pourtant, on y joint une invocation semblable à d'autres dieux.

Voici, par exemple, une formule avec énumération finale un peu plus développée qu'à l'ordinaire.

« La nuit mauvaise, la région du ciel qui fait le malheur, le jour mauvais, la région du ciel mauvaise à observer, le jour mauvais, la région du ciel mauvaise qui s'avance,

. . . .

les messagers de la peste (Namtar),
les ravageurs de Nin-Ki-gal,
le tonnerre qui ravage le pays,
les sept divinités du vaste ciel,
les sept divinités de la vaste terre,
les sept divinités des sphères enflammées,
les sept divinités des légions célestes,
les sept dieux malfaisants,
les sept fantômes méchants,
les sept fantômes de feu malfaisants,
les sept divinités du ciel (Igigu),
les sept divinités de la terre (Anunnaki),
le démon mauvais, le Destructeur (?) mauvais, le êkim (?) mauvais,
le Guerrier mauvais, le dieu mauvais, le Tendeur d'embûches mauvais,
— Esprit du ciel, conjure-les ! Esprit de la Terre conjure-les !
Esprit de Mul-ge, roi des pays, conjure-les !
Esprit de Nin-ge-lal, dame des pays, conjure-les !
Esprit de Nin-darra, fils de. . . . . . , conjure-les !
Esprit de Tishu, dame des régions, qui brilles la nuit, conjure-les !

(W. A. I. IV, 1.)

2° Talismans et amulettes

A côté des conjurations, les Accadiens, les Babyloniens et les Assyriens usaient de talismans. La formule suivante (W. A. I, IV, 16, 1.)

qui peut-être se récitait sur un de ces talismans, était censée lui communiquer son efficacité.

« Talisman, talisman, stèle qu'on n'enlève pas,
limite que les dieux ne dépassent pas,
borne-limite du ciel et de la terre qu'on ne déplace point,
qu'aucun dieu n'a compris (?),
que les dieux ni l'homme ne peuvent expliquer.
barrière immuable disposée contre la bouche mauvaise (le maléfice),
barrière stable qu'on oppose à la parole mauvaise !
Que ce soit un utug (génie) mauvais, un Destructeur (?) mauvais, un êkim
mauvais, un dieu mauvais, un Tendeur d'embûches mauvais,
un fantôme, un spectre, un vampire (?),
un incube (?), un succube (?), un servant,
ou bien le Namtar (la peste) mauvais, l'Idpa (la fièvre) douloureux ou une maladie mauvaise :
— qui lève sa tête contre les eaux favorables du dieu E'a, que la barrière du dieu E'a [l'arrête] !
— qui attaque les magasins du dieu Serâh, que la barrière du dieu Sérâh l'emprisonne !
— qui franchisse la borne-limite (de la propriété), que le [talisman] des Dieux, borne-limite du ciel et de la terre, ne le laisse plus sortir !
— qui ne craigne pas les. . . . . , que le [talisman] le retienne prisonnier !
— qui dresse des embûches contre la maison, qu'il l'enferme prisonnier dans la fosse (?) de la maison !
— qui se tiennent enlacés l'un à l'autre, qu'il les repousse en même temps dans le désert !

— qui dresse des embûches devant la porte de la maison, qu'il l'enferme dans la maison, dans un lieu sans sortie (d'où l'on ne sort pas)!

— qui s'applique à la colonne et au (?), que la colonne et le. . . . ? . . lui barrent le passage!

— qui se glisse dans la gouttière [chêneau] et sous le toit,

— qui secoue les battants de la porte et les grilles?

Que [le talisman] le fasse écouler comme les eaux! qu'il le fasse trembler comme les feuilles! qu'il le broie comme le hennêh!

qu'il franchisse la charpente (?), qu'il lui coupe les ailes!

Les talismans étaient de différentes espèces. Ils se présentaient sous forme d'amulettes, de matière plus ou moins précieuse suivant la richesse de leur propriétaire; on portait ces amulettes suspendues au cou et elles préservaient contre les mauvais sorts, contre les démons, contre les maladies. Elles sont très nombreuses dans nos Musées et l'on en peut voir au Louvre une belle collection. Souvent on y gravait des images de génies ou de divinités; toujours elles portent une formule talismanique, écrite le plus ordinairement en accadien, quelquefois en assyrien sémitique. Voici un exemple pour chacun de ces cas. Le premier se rapporte à une inscription accadienne sur une amulette dont le but était de préserver de toute rechute un homme déjà guéri de la peste.

« Incantation. Le Démon mauvais, le Namtar mau-
« vais, [que] l'Esprit de la Terre a chassés de mon
« corps ! Le génie favorable, le colosse bienveillant,
« le démon favorable, qu'ils viennent avec l'Esprit de
« la Terre !

« Incantation du dieu puissant, puissant, puissant. Amen ! »

(Fr. Lenormant, *Choix de textes cunéiformes*, n° 26)

L'autre appartenait à une femme et évidemment à une femme enceinte. La voici :

« Bît-Nûr, serviteur d'Adar, le guerrier des Dieux, la prédilection de Bêl : c'est moi !

Incantation ; O Bît-Nûr, chasse fortement les afflictions ; fortifie la semence (le germe), développe la tête de l'homme.

(Ibid., n° 24).

D'autres talismans consistaient en petites statuettes d'argile, grossières images des dieux, dont on peut voir un certain nombre au Musée du Louvre (1er étage). Leur destination nous est connue d'abord par un passage d'une inscription de Nergal- schar-uçur (Nériglissar) qui déclare avoir fait mettre à la porte de la Zikûrat de Babylone « huit statues talismaniques de bronze durable qui écartent les méchants et les mauvais (les ennemis) par la crainte de la mort. » Elle nous est définitivement connue par une formule magique dont voici la traduction.

« [Pose] l'image de Nirgal, le sans égal, à la barrière de la maison.

[Pose] l'image du dieu resplendissant par sa vaillance, le sans égal, ... et l'image de . . . . . Seigneur des grands dieux, ...

en terre, auprès du lit.

Pour qu'aucun malheur ne [te] saisisse, [mets] le dieu . . ? . . et le dieu Latarak sous la porte.

Pour repousser le mal, [mets] comme épouvantail (?) à la porte . . . . . le héros guerrier (Nirgal) qui met en déroute, à l'entrée de la porte. [Mets] le héros guerrier qui met en déroute, qui broie la main des révoltés, sous la pierre pâ (le seuil) de la porte,

à droite et à gauche.

[Mets] l'image gardienne de E'a et de Mirri-Dugga à l'intérieur de la porte, à droite et à gauche

. . . . la bouche (ou la lèvre) de Mirri-Dugga qui habite l'image . . . . .

Engendrés par l'Océan, sublimes enfants de E'a. . . .

mangez beaucoup, buvez beaucoup pour garder (faire votre garde) ;

qu'aucun mauvais [esprit] ne pénètre

. . . . devant la face des sept images

qui portent des . . . . , qui portent des armes ! »

(W. A. I, IV, 21, 1.)

Les peuples de la Babylonie et de l'Assyrie avaient une conception peu flatteuse de l'apparence physique des démons : ceux-ci, selon eux, étaient horribles à voir. Ils les représentaient sous des traits hideux, et nous en avons un exemple dans une très curieuse statuette acquise, il y a quelques années, par le Musée du Louvre. Celle-ci nous offre l'image du démon du vent du sud-ouest, ainsi que nous l'apprend une légende gravée sur le dos de ce personnage ; elle devait, selon toutes probabilités, être placée à la porte ou à la fenêtre pour éloigner son action funeste. Trois exemplaires de cette image repoussante sont au Musée Britannique.

Ces démons étaient tellement hideux que les Chaldéens étaient persuadés qu'il suffisait de leur montrer leur image pour les épouvanter et les faire fuir. Malheureusement, ces figurines ne portent le plus souvent pas d'inscription et nous ignorons par suite, la plupart du temps, quel démon elles représentent. Elles ne sont d'ailleurs rien autre chose que l'expression figurée de la formule magique :

« Que les démons mauvais sortent ! Qu'ils se saisissent l'un l'autre. »

En outre des talismans et amulettes dont nous venons de parler, les Accadiens d'abord, et plus tard les Babyloniens et les Assyriens sémites avaient des cachets sur lesquels des scènes religieuses étaient représentées : le plus fréquemment, ces scènes nous offrent la lutte d'un dieu ou d'un héros (Nindar, Nirgal, Marduk, Gilgamêsch, etc...) avec un animal fantastique, qui évidemment est la figuration d'un de ces mauvais démons que redoutaient tant les peuples de la Mésopotamie ; car ces dieux ou ces héros, d'après les croyances de ces peuples, avaient pour mission spéciale ou avaient eu pour occupation préférée de lutter contre les Anunnaki, contre la cohorte des divinités funestes et contre les spectres, les fantômes, les vampires, en un mot contre les esprits venus des régions inférieures pour « assaillir les hommes, et attaquer pays après pays », suivant l'expression d'un texte magique (W. A. I, IV, 16, 2). Quelquefois la lutte à lieu entre deux ou plusieurs animaux fabuleux, et les plus anciens cylindres babyloniens que nous possédons sont très intéressants à étudier à ce point de vue particulier. [1]

Les inscriptions historiques font bien allusion quelquefois au rôle talismanique des grandes figures ailées (taureaux, lions, monstres à tête d'homme et à corps d'animal, ou à tête d'animal et à corps d'homme), mais les textes magiques sont autrement instructifs à cet égard. Ces sculptures que l'on voit dans les bas-reliefs décoratifs, ces taureaux et ces lions ailés qui flanquaient chaque côté des portes d'entrée des palais et des temples, ont un caractère talismanique bien déterminé et leur rôle est d'exercer une garde permanente ; on les scellait même à leur poste pour être assuré qu'ils feraient une vigilance de chaque instant. Ces animaux colossaux (Kirûbi, les Kerubîm de la Bible) doivent, suivant M. Delitzsch, avoir représenté Nindar. Bien que les textes cunéiformes ne

[1] Cf. Collection de Clercq, catalogue méthodique et raisonné, par M. J. Nenant. — et les Planches si curieuses de Cylindres cachets publiées par M. Laya

l'aient pas jusqu'ici établie, nous tenons pourtant cette opinion pour très vraisemblable.

Entre autres passages ayant trait au rôle talismanique de ces monstres nous citerons le suivant que l'on rencontre à la fin d'une litanie de psaumes de pénitence trouvée sur les confins de la Babylonie et de l'Assyrie. Le dieu E'a y est qualifié comme suit :

> O toi, le Taureau divin du Ciel et de la Terre,
> toi, le Taureau divin d'Iri-sibba, puisse ma prière te parvenir !

Un texte d'Aschur-âhê-iddin (Assarahaddon) nous dit :

> Le Taureau divin, le génie gardien, qui protège la puissance de ma royauté, puisse-t-il garder à jamais, etc !

Nous trouverons d'ailleurs, dans le cours de cette étude, d'autres textes ayant trait au pouvoir talismanique des animaux colossaux.

Indépendamment des formules magiques et de la puissance des incantations, les conjurations par la vertu des nombres étaient employées. L'exemple suivant, extrait d'un recueil de proverbes publié dans W. A. I. II, 16, le prouve surabondamment.

> Le blé qui se dresse
> grandira [et mûrira] abondant ;
> [car] le nombre,
> nous le savons.

Le blé de la plénitude (abondance)
grandira abondant ;
[car] le nombre,
nous le savons.

Il est du reste très-fréquemment fait allusion aux conjurations par le nombre, dans les textes magiques, et même le secret suprême enseigné par E'a à son fils Mirri-Dugga est toujours appelé *ana* en accadien et *minu* en assyrien, c'est-à-dire « le nombre ». Plusieurs des formules, dont nous avons donné la traduction dans le cours de cette étude, nous apprennent d'ailleurs que le nombre sept avait une vertu toute particulière et une importance exceptionnelle. Malheureusement la formule des conjurations par les nombres ne nous est pas connue, et pour émettre une opinion sur l'emploi précis des nombres magiques, force est d'attendre que les documents aient levé le voile en nous donnant des textes positifs.

Avant d'aborder les textes magiques médicinaux, nous voudrions dire quelques mots d'une figuration sculptée, actuellement au British Museum, et qui nous montre un mort étendu sur son lit de funérailles et entouré de génies bienfaisants qui veillent sur lui avec la mission évidente de le soustraire à la capture des mauvais esprits. Nous empruntons d'ailleurs la description de cette sculpture aux *Lectures historiques* de M. Maspéro, p. 256, où cette sculpture est reproduite. Deux divinités se dressent à la tête et aux pieds de la couche funèbre et tendent la main au-dessus du mort pour le bénir : « ce sont des formes de E'a et, de même que E'a, elles sont habillées de la peau d'un poisson. Trois autres bons génies se postent dans la chambre mortuaire et se tiennent prêts à frapper quiconque viendrait à y pénétrer : l'un à la figure humaine, les deux autres lèvent une tête de lion sur un corps d'homme. D'autres encore planent au-dessus de la maison, afin de repousser les spectres qui essaieraient de s'y introduire à travers le toit. Les dernières heures que le cadavre doit séjourner sur la terre, il les passe ainsi sous la garde d'une légion de dieux. » Nous ajouterons que le morceau de sculpture est divisé en trois registres : au registre supérieur sont les génies bienfaisants qui surveillent la toiture ; au registre du milieu, le mort sur son lit funèbre est veillé par les dieux ; au registre inférieur, l'enfer et ses divinités, et en particulier la hideuse déesse Allâtu à genoux sur le dos d'un cheval, qui lui-même est dans une barque magique naviguant sans le secours de la voile ni des avirons.

C. — *Médecine.*

L'Assyrie ne connaissait pas la thérapeutique rationnelle ; elle n'avait point, comme l'Égypte, une école sacrée de médecine. Elle n'avait que des sorciers ou des exorcistes dont l'habileté à dépister les démons possesseurs, causes des maladies et de la mort, était reconnue de tous les peuples de l'Asie occidentale.

Les maladies étaient nombreuses ; mais les plus fréquentes et les plus dangereuses étaient à coup sûr la fièvre, la peste et ce terrible mal de tête, maladie endémique peut-être (érysipèle ou délire fiévreux) dans les plaines marécageuses de la Mésopotamie du Sud ; peut-être aussi ce mal était-il souvent le résultat d'une insolation.

Quelques textes nous feront connaître comment les démons mauvais s'emparaient d'un homme sain pour en faire un malade et surtout comment les conjurations magiques ramenaient la santé perdue. Un fragment publié dans W. A. I. IV. 29, 2, nous montre l'action des différents démons sur les diverses parties du corps.

« La Fièvre (Idpa) mauvaise a son action sur la tête de l'homme,

le Namtar (la Peste) mauvais [a son action] sur la vie de l'homme,

l'Utug mauvais [a son action] sur le sommet de la tête de l'homme,
le Alal (?) mauvais [a son action] sur la poitrine de l'homme,
le Gigim (?) mauvais [a son action] sur les entrailles de l'homme,
le Telal (?) mauvais [a son action] sur la main de l'homme. »

Les autres démons semblent s'être seulement manifestés par des apparitions effrayantes ; le vampire seul « attaque l'homme. » Quelle que fût la maladie, le malade devait d'abord se purifier, spécialement boire certaines boissons enchantées, et employer les nœuds magiques encore en usage au moyen âge. Une formule nous parle de ces purifications :

« Il a purifié sa main, il a fait l'œuvre pour sa main ;
il a purifié son pied, il a fait l'œuvre pour son pied ;
il a purifié sa tête, il a fait l'œuvre pour sa tête. »

W. A. I. IV, 3, col. 6.

Bien qu'elle soit très connue et qu'elle ait été traduite déjà nombre de fois, nous croyons aussi devoir donner ici une formule indiquant le remède prescrit par E'a contre le mal de tête ou mieux contre une maladie de la tête non définie. S'agit-il d'un érysipèle ?

« Noue à droite et arrange en bandeau plat [et] régulier [en forme de] diadème de femme sur le côté gauche ;
partage-le en sept bandelettes deux fois ; ....
entoure la tête du malade ;
entoure le front du malade ;
entoure la place (le point, le siège) de sa vie ;
entoure ses pieds et ses mains ;
assieds-le sur le lit,
[et] fais couler sur lui des eaux purificatrices.
Incantation : Que la maladie de la tête dans l'atmosphère, comme un vent impétueux, soit enlevée ;
dans la terre, comme des eaux......, qu'elle soit enfouie ! »

W. A. I. IV, 3, col. 2.

Une tablette du Musée Britannique, cotée K 1284 et traduite par M. Oppert, nous offre une incantation contre le Namtar et un remède contre ses effets.

« Le Namtar (la Peste) douloureux comme la flamme brûle le pays ; comme la fièvre il se jette sur l'homme ;
comme l'inondation il s'allonge sur la campagne ;
comme l'ennemi il tend des embûches à l'homme ;
comme le feu il brûle l'homme.
Il n'a pas de main ; il n'a pas de pied ;
comme la rosée (?) de la nuit il arrive ;
comme une planche il dessèche l'homme ;
il ferme son issue ;
il trouble...... les sens heureux ;

il saisit les longs.......
Cet homme, son Dieu.......
Cet homme, sa déesse apparaît dans son corps étendu.
Le guérisseur parle : « Assieds-toi,
pétris une pâte de senteurs et fais l'image de sa ressemblance (du Namtar) ;
tourne la face [de cette image] vers le soleil couchant.
En même temps, la vigueur du mal s'en ira. »

Les dieux eux-mêmes n'étaient pas exempts des maladies, et un très intéressant passage de la descente aux Enfers de la déesse Ischtar nous le dit très nettement et nous montre même le Dieu Schamasch (le Soleil) obligé d'intervenir en faveur de cette déesse et remplissant, près de E'a, le rôle du Mirri-Dugga des formules accadiennes. Nous en donnerons une traduction d'après le texte publié par M. Delitzsch et d'après les notes que nous avons pu prendre au cours que M. Ledrain fait chaque semaine à l'École nationale du Louvre.

« ...... Après qu'Ischtar fut descendue dans le Pays d'où l'on ne revient pas, Allâtu la vit et devant elle devint furieuse ; elle ne se contint pas et se livra à l'emportement. Elle ouvrit (mot-à-mot elle fit) sa bouche et parla. A Namtar, son serviteur, elle fit connaître sa volonté : « Viens, Namtar,...... fais sortir contre elle....... ; Ischtar, [frappe]-la de la maladie des yeux ; de la maladie du côté [frappe]-la ; de la maladie des pieds [frappe]-là ; de la maladie du cœur [frappe]-la ; de la maladie du sommet de la tête [frappe]-la. Sur elle-même en entier et sur....... »

« Après qu'Ischtar, la Dame, [eut été frappée de ces maladies], vers la vache le taureau ne descendit plus, à l'ânesse l'âne ne se plia (condescendit) plus, la servante dans le chemin ne condescendit plus au maître, le maître fut maîtrisé dans son ordre. Le dieu Papsukal, [serviteur] des grands dieux, incisa sa face en présence de Schamasch, il revêtit la toile de deuil et remplit...... Schamasch alla vers Schin, son père....... ; devant la face de E'a, le Roi, vint sa lamentation : « Ischtar vers les profondeurs de la Terre « est descendue et n'est pas remontée. Depuis le « temps où Ischtar est descendue vers le Pays d'où « l'on ne revient pas, le taureau ne se rend plus vers « la vache, l'âne ne condescend plus à l'ânesse, la « servante dans le chemin ne condescend plus (se « refuse) au maître, le maître est maîtrisé dans son « ordre ! »

E'a, dans la sagesse de son cœur, créa ; il créa Uddu-schu-namir, le serviteur des dieux, [et lui dit :] « Viens, Uddu-schu-namir ; à la porte du Pays d'où l'on ne revient pas pose ta face ; que les sept portes du Pays d'où l'on ne revient pas s'ouvrent devant toi ! Qu'Allâtu te voie et qu'elle se réjouisse devant toi ! Dès que son cœur sera apaisé, que son humeur s'éclaircira, tu l'adjureras aussi par le Nom (c'est-à-dire le Nom secret, tout puissant) des grands Dieux. Rends confiantes les idées de ta tête ; à la source d'épuration place ton esprit. »

— « Ne me ferme pas, ô Dame, la source de pureté ; [laisse] que j'en boive les eaux. » En entendant ces [paroles, Allâtu] frappa son sein, mordit son doigt. « Tu me fais une demande non faisable. Viens,

Uddu-schu-namir, que je t'enferme dans la grande prison. Que les eaux des bas-fonds de la ville (c'est-à-dire que la boue des fondations de la ville) soit ta nourriture, que le ruisseau de la ville soit ta boisson, que l'ombre du mur soit ta demeure, que les poteaux des portes [de la ville] soient ton habitation, que la prison et l'internement brisent ta force ! »

Allâtu ouvrit (mot à mot fit) sa bouche et parla ; à Namtar, son serviteur, elle fit connaître sa volonté : « Va, Namtar, frappe (?) le palais stable (éternel), incline les poteaux en pierre des portes, soulève la pierre *pâ* (la grosse pierre du seuil ?). Fais sortir l'Anunnaki, sur le Trône d'or place-le. Abreuve Ischtar des eaux de la vie et enlève-la de [devant] moi ! »

Namtar alla ; il frappa (?) le palais stable, il ébranla les poteaux en pierre, il souleva la pierre *pâ*, il fit sortir l'Anunnaki [et] le plaça sur le Trône d'or, il abreuva Ischtar des eaux de la vie et l'enleva. La première porte, il lui fit franchir, etc....... »

Nous avons vu que l'origine des formules magiques et conjuratoires suméro-accadiennes remonte aux temps les plus reculés. Ces textes furent réunis en diverses séries et pourvus de traductions interlinéaires sémitiques, lorsque la langue accadienne cessa d'être parlée et comprise des peuples mésopotamiens. C'est sous cette forme bilingue qu'elles nous sont parvenues. Nous avons ainsi, pour le moins, 16 tablettes de la série « *Les sept mauvais sont.....* », dont deux, qui remplissent deux planches du grand recueil de M. M. Rawlinson et Norris, sont passablement conservées ; — et, pour le moins aussi, 9 d'une autre série « *La maladie de la tête* (la folie, le délire, l'érysipèle?) *ils sont* (c'est-à-dire les Démons sont)....... » Mais une tablette surtout, en forme de litanie, est intéressante, qui contient 29 petites formules de conjuration. Comme pour la série *kikankalâbi-ku* (explication des phrases et des termes des textes de contrats) et pour la collection de proverbes, la traduction sémitique y correspond exactement au texte accadien : à gauche le texte accadien, à droite le sémitique. Chacune de ces formules se termine par l'invocation habituelle : « Esprit du Ciel, conjure-le ! Esprit de la terre, conjure-le ! » Le nom de la tablette, — la souscription nous l'apprend, — était « *Esprit du dieu des Légions célestes, du dieu des Légions terrestres....* » (zi an schar, dingir ki schar), ce qui est purement et simplement une périphrase de la vieille expression zi anna [zi] ki'a. La collection de ces formules et leur dernière rédaction sont l'œuvre de l'école des prêtres de la Babylonie du Nord [1].

Nous ne donnerons, dans cette partie de notre étude, que la traduction des formules conjuratoires ayant rapport à différentes maladies, mais nous ferons précéder chacune de ces formules du numéro d'ordre qu'elle a dans la litanie.

[1] W. A. I. II, 17 et 18 ; publiée de nouveau avec beaucoup d'additions et de rectifications par M. Paul Haupt, dans ses *Textes cunéiformes accadiens et sumériens*, n° 11.

IV — Ce qui n'est pas favorable, ce qui est mauvais,
ce qui forme des nodosités (ou des nœuds), l'abcès mauvais,
l'ulcère qui fouille [les chairs], l'apostème large (étendu), la pustule lancinante, l'abcès.....
l'abcès qui se forme, l'abcès mauvais :
Esprit du Ciel, conjure-les ! Esprit de la Terre, conjure-les !

V — La maladie du cœur. — La maladie du cœur, l'enveloppe cardiaque malade,
la maladie du foie (?), la maladie de la tête, la colique mauvaise,
la tumeur qui grossit,
la tumeur des reins, l'abcès qui perce,
la douleur mauvaise qui persiste,
le songe mauvais :
Esprit du ciel, conjure-les ! Esprit de la Terre conjure-les !

VII — La nourrice. — La nourrice dont le mamelon se dessèche,
la nourrice dont le mamelon est dur (?),
la nourrice dont le mamelon devient abcès,
la nourrice qui meurt du chancre de son mamelon (sein),
la femme enceinte qui perd son fœtus (c'est-à-dire dont le fœtus meurt),
la femme enceinte dont le fœtus s'échappe (mot à mot s'en va en coulant),
la femme enceinte dont le fœtus se gangrène,
la femme enceinte dont le fœtus ne profite pas (ne grandit pas) :
Esprit du Ciel, conjure cela ! Esprit de la Terre, conjure-cela !

VIII — La fièvre (Idpa) qui cause la douleur, la fièvre violente,
la fièvre qui ne lâche pas l'homme,
la fièvre inhérente,
la fièvre persistante, la fièvre mauvaise :
Esprit du Ciel, conjure-la ! Esprit de la Terre conjure-la !

IX — La peste (Namtar) qui cause la douleur, la peste violente,
la peste qui s'attache à l'homme,
la peste qui ne lâche pas [sa victime],
la peste adhérente, la peste mauvaise :
Esprit du Ciel, conjure-la ! Esprit de la Terre, conjure-la !

X — Le mal d'entrailles qui cause la douleur,
la maladie qui.... et .... ?....,
le mal qui ne lâche pas [l'homme], la maladie des vaisseaux sanguins,
le mal persistant, la maladie mauvaise :
Esprit du Ciel, conjure-les ! Esprit de la Terre, conjure-les !

XI — L'ulcère venant du souffle empoisonné ennemi qui se fixe dans la bouche,
le crachat (mot à mot le rejet, l'expectoration) de l'abcès qui y est attaché, faisant le mal,
le cancer du flanc (de l'aine), le chancre du corps, l'exanthème qui forme le furoncle,
la foule des teignes,
la..... ?...., la ceinture brisée,
la prostration des forces du corps (mot à mot la force qui s'est retirée du corps),
la nourriture qui s'échappe du corps de l'homme[1],

[1] Est-il ici question de la fistule anale ?

la nourriture qui, mangée, est rejetée (c'est-à-dire le vomissement),
l'eau qui, après l'action de boire, est évacuée également,
le souffle funeste (mauvais) que la poussière (?) ne couvre pas,
le vent du désert qui ne se retire pas :
Esprit du Ciel, conjure [tout] cela ! Esprit de la Terre, conjure [tout] cela !

XII — Le froid qui fait trembler le sol,
la chaleur qui fend la peau de l'homme,
le sort mauvais......
qui subitement fait mourir l'homme,
la soif mauvaise adjuvante de l'Esprit du Namtar (la peste)

. . . .

Esprit du Ciel, conjure-les ! Esprit de la Terre, conjure-les !

XV — *in fine*..............
Celui qui, ayant faim, ne peut se lever (c'est-à-dire qui meurt d'inanition),
le lait répandu [1]...... qui n'achève pas un mois :
Esprit du ciel, conjure [tout] cela ! Esprit de la Terre, conjure [tout] cela !

Évidemment, ces formules conjuratoires étaient accompagnées de rites et de breuvages ou de remèdes dont la vertu curative était appropriée à la maladie visée et que l'expérience avait enseignés. D'ailleurs, lorsque la maladie

[1] Il s'agit évidemment ici d'une maladie de la femme qui, ayant mis au monde un enfant, perd son lait.

était grave et rebelle à toutes les conjurations, le malade était exposé, étendu sur un lit de repos, dans la rue ou sur une place publique, afin que les passants pussent dire quelles conjurations ils avaient faites et quels remèdes ils avaient employés dans des cas analogues (Hérodote). Enfin, et cela résulte des textes cunéiformes magiques que nous possédons, on complétait la force de la conjuration par des sacrifices à la divinité à qui l'on disait : « Mange abondamment, bois copieusement, » (W. A. I. IV, 13, 2) ou encore : « Dans les plats divins mange la nourriture élevée (divine), — dans les vases (coupes) divins bois les eaux élevées (divines), — pour que ton oreille décide en faveur de l'homme fils de son dieu. » (Brit. Mus., tablette K 1284)

II

MAGIE NOIRE

A. — Sorcellerie.

Les inscriptions ne nous offrent que des formules favorables, et, les imprécations exceptées, nous ne connaissons pas actuellement de textes de magie noire. Pourtant les documents nous fournissent des renseignements sur la sorcellerie, dont ils combattent les sortilèges.

Un hymne au Soleil, dont nous avons donné la traduction au chapitre « Incantations », montre que ce dieu était invoqué pour combattre les démons et les sorciers dont il était le grand ennemi.

Un hymne aux Eaux et un autre au dieu Fleuve, cités par M. Lenormant dans son livre sur *La Magie chez les Chaldéens*, p. 168, ont rapport surtout au mauvais sort par paroles (le premier) et par charme (le second).

Voici ces deux hymnes :

« Eaux sublimes, [Eaux du Tigre],
Eaux de l'Euphrate, qui [coulent en leur lieu],

Eaux qui se réunissent dans le fleuve Océan, filles du fleuve Océan qui sont sept,
Eaux sublimes, Eaux fécondes, Eaux brillantes,
à la face de votre père E'a,
à la face de votre mère, l'Epouse du grand Poisson,
qu'il soit sublime ! qu'il féconde ! qu'il brille !
Que la bouche mauvaise et néfaste n'ait pas d'effet !
Amen ! »

(W. A. I. IV, 14, 2, recto).

O dieu Fleuve, qui t'avances comme l'éperon du navire,
chasse de devant lui le sort mauvais, comme un animal sauvage dangereux.
. . . . . Que le soleil à son lever dissipe les ténèbres ! que jamais dans la maison elles ne soient !
Que le sortilège mauvais retourne dans le désert, dans les lieux élevés !
Le sortilège mauvais, Esprit du Ciel, conjure-le ! Esprit de la Terre, conjure-le !
Amen ! Le sortilège mauvais se répandant sur le pays, ô dieu Fleuve, détruis-le !

(W. A. I. IV, 14, 2).

La sixième formule de la grande litanie conjuratoire, dont nous avons parlé à propos de la magie médicinale, donne :

« Ce qui s'attache à la figure de l'homme,
le visage mauvais, l'œil mauvais,
la bouche mauvaise, la langue mauvaise,
la lèvre mauvaise, le poison mauvais :
Esprit du Ciel, conjure-les ! Esprit de la Terre, conjure-les ! »

Par l'expression « le poison mauvais », cette formule fait évidemment allusion aux philtres et aux breuvages enchantés. Des documents cunéiformes, il ressort que le sorcier est généralement appelé « l'homme mauvais, l'homme malfaisant », et ses pratiques exprimées d'une manière indirecte, comme si on redoutait de le faire avec précision ; les sortilèges, en effet, sont « ce qui agit, ce qui est mauvais, ce qui est violent » ; — les rites de la sorcellerie s'appellent « l'œuvre » ; les sorts par paroles pourtant sont « la parole mauvaise », expression précise que l'on trouve surtout dans les versions assyriennes sémitiques. Le sorcier peut produire le mal sous toutes ses formes : fascination (mauvais œil), déchaînement des mauvais esprits, possession par les démons, maladies, provocation de la mort (par paroles mauvaises, imprécations, philtres, poisons). A titre de renseignements nous donnons une incantation dont nous n'avons pu revoir la traduction, n'ayant pas entre les mains le texte, qui est écrit sur une tablette du British Museum cotée k. 142. Nous emprunterons donc la traduction de M. Lenormant.

« Le charmeur m'a charmé par le charme, m'a charmé par son charme ;
la charmeuse m'a charmé par le charme, m'a charmé par son charme ;
le sorcier m'a ensorcelé par le sortilège, m'a ensorcelé par son sortilège ;

la sorcière m'a ensorcelé par le sortilège, m'a ensorcelé par son sortilège ;
la magicienne m'a ensorcelé par le sortilège, m'a ensorcelé par son sortilège ;
le jeteur de sort a tiré et a imposé son fardeau de peine ;
le faiseur de philtres a percé, s'est avancé et s'est mis en embuscade en cueillant son herbe ;
— Que le dieu Feu, le Héros, dissipe leurs enchantements ! »

On voit par cette formule que le sorcier chaldéen opérait de toutes manières : par le charme, par le sortilège (pratiques mystérieuses), par des objets ensorcelés (fardeau de peine), par le jet de sorts, par la composition de philtres au moyen de certaines herbes.

B. — Imprécations.

Mais il opérait aussi par envoûtement et par imprécations, et les textes font souvent allusion à ce genre de sorcellerie.

« L'imprécation agit sur l'homme comme un démon mauvais,
La voix qui crie [est] en lui ;
la voix mauvaise [est] sur lui ;
l'imprécation mauvaise cause son mal.
Cet homme, l'imprécation mauvaise le saigne comme un mouton :
son dieu dans son corps fait la maladie,

sa déesse [dans son corps] met le tourment;
comme... ?... la voix qui crie le terrasse et le maîtrise.
Mirri-Dugga est venu à son secours;
dans la maison vers son père E'a, il va et dit :
« Mon père, l'imprécation est sur l'homme comme un esprit mauvais »
Et pour le mal il dit [à son père E'a]:
« Fais le nombre [propice]; cet homme ne le connaît pas; *il est soumis au nombre* [*néfaste*]. »
Alors E'a répondit à son fils Mirri-Dugga :
« Mon fils, le nombre tu ne le sais pas; [viens], que je fasse le nombre pour toi.
Mirri-Dugga, tu ne connais pas le nombre; [viens], que je fasse le nombre pour toi.
Ce que je sais, tu le sais aussi », etc. . . . . . »

(W. A. I. IV. 7).

On voit par cette formule que si le Nombre était employé comme remède contre les maladies et les possessions de démons, il l'était aussi par les sorciers et avait une vertu plus qu'ordinaire, puisqu'il nécessitait l'intervention de E'a et de Mirri-Dugga. Et, dans le cas particulier de la formule ci-dessus, la puissance du maléfice par le Nombre est doublée encore par les effets terribles de l'imprécation. Les formules d'imprécations devaient, en effet, avoir les conséquences les plus funestes pour ceux contre qui elles étaient dirigées. Aussi en citerons-nous quelques-unes, en ne rappelant que pour mémoire celle qui suit, sur le Caillou Michaux, l'acte de constitution d'un immeuble en dot d'une femme pour son mariage ; aussi bien a-t-elle été traduite plusieurs fois et cette dernière, en particulier, dans *La Magie chez les Chaldéens*, p. 61, par Fr. Lenormant.

1° Imprécations d'Apil-Schin, fils de Zabû et grand-père de Hammuragasch.

(W. A. I. IV. 12 — et Delitzsch : Lex., p. 56, in fine).

Le recto de la tablette énumère l'œuvre d'Apil-Schin, le verso porte la formule imprécatoire suivante :

« . . . . [celui qui...] dégradera ce char et qui [en arrachera] l'or coûteux (massif ?)... et le restaurera pour lui-même et... en changera l'emplacement et [qui], dans la maison des ténèbres, lieu de l'obscurité..., laissera entrer l'ennemi et détruira l'inscription de mon nom et dira : « Ecris mon nom [à la place de celui-ci] » ; — cet homme, qu'il soit roi ou prêtre-roi ou un homme ordinaire, quel que soit son nom, puisse [le Seigneur des] pays le regarder furieusement dans la violente colère de son cœur, et lui, son nom, sa race, ses gens,... [ses] peuples florissants (?), puisse-t-il les anéantir ! Sa semence (sa race) puisse-t-il la moissonner et ne lui envoyer pas une seule fois un porteur d'eau ! [Nin-lil, l'aimée de] Bêl, son époux, dont la loi est favorable, puisse-t-elle en ennemie faire ses *ikirri* (sentences ?) et... porter son inimitié devant la demeure brillante des Dieux ! Puisse [Nindar, le héros] de Bêl, le Seigneur de l'épée, ne lui accorder point l'arme de sa force ! Sur le lieu du combat et de la bataille, puisse-t-il. . . . . . ses genoux et les genoux de ses guerriers ! Puisse son ennemi le saisir !

avec. . . . . . puisse-t-il emplir la main de ses ennemis (c'est-à-dire le livrer à ses ennemis) ! . . . . dans le pays de ses ennemis l'emmener comme butin ! »

2° Formule imprécatoire

publiée dans W. A. I., III, 41.

Cette imprécation commence par la formule juridique : « Pour tous les temps, pour le futur des jours, » et continue ainsi :

« [Si quelqu'un], que ce soit un homme fait (?), [ou] un vieillard (?), [ou] un fonctionnaire, [ou] un paysan (?), [ou] un chef, [ou] un [individu] quelconque, habitant sur le territoire de la Maison (famille) de Habban, — dirige son esprit vers l'accaparement de ces champs. . . . . . et en fait présent soit à un dieu [1], ou à un roi, ou au vicaire du roi, ou au vicaire d'un satrape ou d'un gouverneur de pays ou de quelqu'un autre, ... soulève cette pierre et la lance dans le fleuve, la jette dans une citerne, la brise avec une pierre, la consume par le feu, la recouvre de terre, la cache dans un lieu où ne la voie plus ;

Cet homme, puissent les dieux Anu, Bêl, E'a, la déesse Nin-mah [2], les grands Dieux, le regarder avec colère, le maudire d'une imprécation inébranlable !

Le dieu Schin, Illuminateur du Ciel brillant, puisse-t-il couvrir tous ses membres (?) d'une lèpre (?) incurable, et [faire que], jusqu'au jour de sa mort, il ne soit plus sain, et [que], semblable à un âne du dé-

[1] Comme don de sacrifice.

[2] C'est-à-dire « la Maîtresse sublime. » C'était l'épouse de Bêl.

sert [1], il se repose chez lui dans la muraille d'enceinte de sa ville!

Le dieu Schamasch, Juge du Ciel et de la Terre, puisse-t-il abattre son visage [et] changer en ténèbres (?) son jour éclairé!

La déesse Ischtar, la Maîtresse sublime des Dieux, puisse-t-elle le. . . . . , jour et nuit ses demeures..., et, comme avec un chien dans les rues de la ville, avec lui. . . . . !

Le dieu Marduk, Roi du Ciel et de la Terre, puisse-t-il pour un avenir sans fin enchaîner son corps avec des chaînes immuables!

Le dieu Nindar, Seigneur des contrées et des frontières, puisse-t-il déplacer ses frontières et son pays. . . . . . . !

La déesse Gula [2], la Mère sublime, la grande Maîtresse, puisse-t-elle faire naître dans son corps une cécité à jamais inébranlable! puisse-t-il [voir] se changer en eau le liquide rose-clair et le sang [de son corps]!

Le dieu Rammânu, Guide du Ciel et de la Terre, puisse-t-il inonder son champ, remplir d'*idrânu* ses verts blés en herbe et d'ivraie son blé en grains!

Le dieu Nabû, Messager sublime, puisse-t-il donner à son destin des jours de malheur et de malédiction!

Les grands Dieux, pour autant qu'ils sont nommés sur cette tablette, puissent-ils le poursuivre par une fin malheureuse et par l'affliction, et, en présence des gens qui sont dans la prospérité, exterminer son nom, sa semence [3], ses enfants et sa progéniture. »

(W. A. I, III, 43).

[1] Ane sauvage, onagre.
[2] Epouse de Nindar.
[3] Sa race.

Parmi tous les malheurs dont, dans une formule imprécatoire semblable à la précédente, Marduk-nadin-ahi demande aux Dieux d'accabler celui qui brisera son *temen* [1], nous relevons le souhait suivant :

« Schin, Flambeau du Ciel brillant, puisse-t-il vêtir son corps de la lèpre comme d'un vieil habit ! »

3° Imprécations de Rammânu-Nirâri Ier [2]

(Vers 1350 av. J.-C.).

« Lorsque le toit (*muslâlu*) du Temple du dieu Aschur, mon Seigneur, ... fut tombé en ruines, je le relevai dans les mêmes lieux, je fis en sorte qu'il s'y dressât de nouveau ; avec des pierres de taille et des *sudarri* (?) de la ville d'Ubasî je le refis, je le rebâtis à sa place, j'y rangeai ma tablette.

[Si] un prince postérieur, au temps où cet endroit sera devenu vieux et délabré, relève ses ruines et replace en son lieu ma tablette avec l'inscription de mon nom, le dieu Aschur entendra sa prière.

[Mais] celui qui grattera ma signature et inscrira son nom [à la place], et gardera ma tablette, la lancera dans les flots, la consumera par le feu, la jettera dans l'eau, la couvrira de terre, l'emportera et la

1 Pierre fondamentale, portant l'inscription et la signature de celui qui faisait élever le monument.

2 Ce texte est très difficile à traduire et quelquefois même la lecture des signes cunéiformes est au moins douteuse. Nous le citons cependant à cause de la violence des imprécations que la formule énonce.

mettra dans une bibliothèque (?), en un endroit où on en la verra (trouvera) pas, et qui, en vue de ces actes dignes de malédiction, à un ennemi, à un adversaire, à un antagoniste, à un scélérat, en une langue (idiome) ennemie, et à qui que ce soit d'ailleurs, enverra un duplicata [de cette tablette] et la laissera prendre, — et celui aussi qui pensera et fera quelque chose que ce soit de cette nature ; — celui-là, Aschur, le . . . . . . dieu qui habite dans le temple de la Montagne des pays [1], Anu, Bêl, E'a et Marduk, les grands Dieux, les Igigu (Anges) du Ciel, les Annunaki de la Terre qui leur [2] rendent hommage, puissent-ils le regarder avec colère, le maudire avec fureur d'une malédiction inébranlable, anéantir dans le pays son nom, sa semence (race), sa force de combat (armée) et sa famille ! Le bouleversement de son pays, la destruction de ses gens et de ses frontières, puissent-ils être ordonnés [3] par leur bouche auguste !

Puisse le dieu Rammânu le submerger dans une inondation ennemie ! Puisse-t-il porter sur son pays et lancer sur son pays, comme un débordement, l'inondation, l'ouragan, la tempête, l'orage (?), la bourrasque, la disette et la famine, la malédiction et la faim ! Puisse-t-il faire [de ce pays] des tumuli [arides] et des terres [incultes] ! Puisse le dieu Rammânu regarder son pays d'un œil gros de malheurs !

Date — Au mois des sacrifices aux Dieux, le 20e jour, sous l'éponymie (limu) de Schalmân-Karradu.

[1] Scharsag-kur-kur-ra.
[2] A ces grands Dieux.
[3] Mot à mot : « Sortir comme un ordre. »

4e Imprécations de Schalmânu-Ascharid Ier

(W. A. I. III. 3, no 3-5).

Cette inscription très importante est tirée d'un revêtement votif du temple d'Ischtar à Ninive, dont jusqu'ici des fragments seuls ont été publiés. G. Smith en a donné (*Discoveries*, p. 248) une traduction anglaise qu'il fit suivre de la note suivante : « In parts the record is so mutilated that I have only given the general sense ».

« Schalmânu-Ascharid, roi puissant, roi du monde, roi d'Assyrie, fils de Rammânu-Nirârî, roi puissant, roi du monde, roi d'Assyrie, fils de Pudi-ilu, roi puissant, roi du monde, roi d'Assyrie, — conquérant, [des pays]. . . . . de Niri, de Lulumi. . . . . et de Muçri, qui marche sous la tutelle de la déesse Ischtar, sa Maîtresse, et qui n'a point de rival, qui combat au milieu de la bataille et qui vainc leur pays.

Lorsque le temple de la déesse Ischtar, la Maîtresse de Ninive, ma Dame, que Schamschi-Rammânu, le prince qui marcha (vivait) avant moi, avait bâti, et qui tombait en ruines :

[lorsque] ce temple, dans le cours des temps, fut devenu délabré, je le rebâtis depuis sa fondation jusqu'à son toit. Le prince qui marchera après moi [1], qui verra mes actes de fondation et les remettra à leur place, comme j'ai fait pour ceux d'Aschur-uballit, puisse Ischtar le bénir ! [Mais] celui qui détruira mes

[1] C'est-à-dire : « Mon successeur. »

tablettes, puisse Ischtar le maudire et extirper de la terre son nom et sa semence ! »

C. — *Evocation des morts.*

Les âmes des morts, enfermées dans le *kurnuki*[1] sous la garde de la déesse infernale Allâtu, peuvent être ramenées sur la terre à l'état de vampires, au grand dam des vivants dont ils se nourrisent, ainsi que nous l'apprend l'épopée religieuse de la descente d'Ischtar aux Enfers.

« Au gardien de la porte elle dit (fit connaître) sa volonté. « Gardien des eaux, ouvre ta porte. Ouvre ta porte et que j'entre. [Car] si tu n'ouvres pas la porte et que je n'entre pas, je briserai la porte [et] le verrou : je romprai, je briserai le linteau et je briserai les battants ; et je rendrai forts les morts en les nourrissant[2] des vivants. Plus que[3] les vivants je multiplierai les morts. »

Les textes magiques, nous l'avons vu, s'accordent à reconnaître aux morts la faculté de se changer en vampires, en fantômes et en spectres, dont les Chaldéens avaient une immense frayeur. C'est pour préserver les vivants de l'agression

[1] En assyrien sémitique *mât la taïrat* « le pays d'où l'on ne revient pas », c'est-à-dire l'enfer.
[2] Mot à mot « par les mets des vivants. »
[3] Mot à mot : « Par-dessus [le nombre des] vivants je multiplierai les morts. »

des mânes des morts, qu'on plaçait des génies bienfaisants à la porte de l'Enfer.

« O toi, taureau créé par le dieu. . . ? . . .
toi qui gardes les lieux du Ki-gina[1] où habitent les morts,
pour tous les temps futurs le dieu Nin-is-zida t'a placé [là].
Les grandes. . . . , les limites, les barrières, les portes
. . . . départageant le Ciel et la Terre
. . . . qu'il les garde ! »

Une grande partie des incantations de la collection magique sont destinées à défendre des atteintes des démons souterrains. Mais si nous connaissons les formules employées pour repousser la possession par les démons, nous ne savons pas, actuellement, quels rites et quelles paroles étaient employés pour les évoquer.

Cependant, Jamblique[2] nous atteste que la nécromancie ou nécyomanie était florissante à Babylone. Les textes cunéiformes corroborant cette attestation, rien ne s'oppose à conclure que le sorcier malfaisant passait, chez les Accadiens et chez les Assyro-Babyloniens, pour avoir la puissance d'évoquer les démons des trépassés, pour les lancer contre les vivants auxquels il voulait nuire. Cette croyance,

[1] « Lieu ferme, stable » c'est-à-dire Tombeau.
[2] *Ap.* Phot. *Biblioth.* cod. 94, p. 75, éd. Bekker.

d'ailleurs, était répandue chez tous les peuples anciens, et il serait surprenant que les Chaldéens, ces maîtres ès arts magiques de tous les peuples de l'Asie occidentale d'abord et de l'Europe ensuite, ne l'eussent pas eue et n'en eussent pas tiré parti dans les pratiques de la magie noire.

LA DIVINATION

CHEZ LES CHALDÉO-ASSYRIENS

En Egypte, la plupart des livres qui ont trait à la science étaient réputés livres sacrés, composés et révélés par les dieux eux-mêmes. Les Chaldéens et, plus tard, les Assyriens leurs disciples attribuaient à leurs livres similaires une origine moins élevée ; ils étaient simplement pour eux le fruit de l'expérience d'hommes instruits et de générations d'observateurs patients. En particulier les traités sur la divination (astrologie, science des présages, aruspicine, etc.) nous apparaissent bien, en effet, comme l'œuvre de nombreux savants qui, pendant des siècles, ont noté au jour le jour les relations qui leur paraissaient exister entre les événements de la vie politique ou privée et les différents phénomènes sidéraux ou terrestres ; les Chaldéens ni les Assyriens n'ont rien fait pour voiler l'origine humaine de ces traités.

« La préoccupation astrologique, dit Lenormant, naquit, tout naturellement et de bonne heure, chez les Chaldéo-Babyloniens, de la nature même de la religion qui leur était commune avec les autres peuples sémitiques. » Ils adoraient les astres comme la Divinité même, et cette adoration amena la contemplation constante d'abord, l'étude raisonnée ensuite des merveilles sidérales et du rôle actif du Soleil, la plus importante des planètes. De là à tout rapporter aux astres il n'y avait qu'un pas, et ce pas fut vite franchi : la contemplation admirative conduisit promptement à une observation régulière et scientifique, pensait-on. On avait cru, en effet, reconnaître qu'à chacune des évolutions et à chacun des groupements des corps célestes correspondait un ensemble de phénomènes naturels et d'événements toujours les mêmes ; aussi observa-t-on et nota-t-on avec soin ces coïncidences, dans lesquelles on estimait trouver la clef des prévisions de l'avenir. L'astrologie était fondée. La régularité de ces coïncidences étant regardée comme absolue, la pseudo-science nouvelle se fixa et prétendit, elle aussi, à une régularité aussi logique que l'astronomie. Les astres, régulateurs de l'univers, furent regardés comme les régulateurs des événements et aussi comme leurs interprètes.

[Si] la lune est visible le 29e jour, [il y aura] secours pour Akkad, malheur pour le pays de Martu.

(W. A. I. III, 61, 2, l. 25).

[Si] la nuit est longue d'après sa supputation [habituelle], le vent de l'Ouest (mot à mot le vent de Martu) soufflera, les jours du roi de Martu seront longs, le cœur du peuple sera [plein] d'allégresse (mot à mot de bien).

(W. A. I. III, 61, 2, l. 25).

Le mois Abu, le 16e jour, éclipse [de lune] ; le roi d'Akkad meurt, le dieu Nergal [1], détruit [les gens] dans le pays. Le 20e jour, éclipse de lune] : le roi du pays de Hatti idem (c'est-à-dire meurt), le roi du pays de Hâti vient et s'empare du trône.

(W. A. I. III, 60, col. 1, l. 37).

Le mois Elul, le 15e jour, éclipse [de lune] : le fils du roi tue son père et s'empare du trône, et l'ennemi avance et détruit le pays. Le 16e jour, éclipse [de lune] : le roi d'un pays étranger idem (c'est-à-dire est tué par son fils), le roi du pays de Hâti s'avance et s'empare du trône. Pluie dans le ciel, abondance d'eau dans les canaux.

(W. A. I. III, 60, col. 1 l. 45).

Ces observations ont visiblement été prises lors de l'arrivée de certains événements politiques. Jointes à une multitude d'autres observations qui, pour des cas sidéraux analogues, relataient des événements semblables, elles permirent aux Chaldéens d'établir la déduction, rigoureuse selon eux, qu'il en serait toujours ainsi.

On sait maintenant que c'est le vieux roi d'Aganê, Sargon, qui fit, le premier, colliger les nombreuses observations recueillies jusqu'à lui en un grand ouvrage méthodique composé de 70 tablettes dont nous avons de nombreux

[1] Dieu de la guerre.

fragments. Son fils Naram-Schin semble avoir fait mettre la dernière main à cet ouvrage, qui resta toujours, en matière d'astrologie, le code des générations postérieures et dont le titre était *Namar Bêli*, « le Flambeau de Bêl. » (W. A. I. III, 52.)

Donc, avant de codifier, les Chaldéens commencèrent à recueillir les observations sidérales d'une certaine nature. Cette suite prolongée d'observations donna, une fois classée méthodiquement, des recueils disposés sur un plan chronologique où tous les événements du règne de tel ou tel roi étaient enregistrés, année par année, avec la mention détaillée des apparences sidérales qui les avaient accompagnés [1].

« Toute la vie des Chaldéo-Babyloniens et des Assyriens, qui leur avaient emprunté ces idées, tous leurs actes publics et privés dépendirent, dit Fr. Lenormant, des augures tirés des astres, comme n'en dépendit jamais la vie d'aucun autre peuple. C'était un esclavage superstitieux de tous les instants... Ceci admis, il ne restait plus qu'à observer, comme on l'avait fait pour les phénomènes célestes, les coïncidences entre

[1] W. A. I. III. 60 et 61. — W. A. I. IV, 34 augures qui accompagnèrent tous les principaux faits des règnes de Sargon, roi d'Aganè, et de son fils Naram-Schin Cf. Sayce, *Transact. of the Soc. of Bibl. Archæol.*, t. III, p. 146. sqq. — M. George Smith a retrouvé les fragments d'un document où étaient relatés les augures célestes et les présages terrestres du règne légendaire du héros Gilgamèsch.

les évènements historiques ou les fortunes humaines et les faits de tout genre qui, dans la nature terrestre, pouvaient être pris comme des signes ou des présages, puis à codifier, comme on l'avait également fait pour les mouvements et les apparences célestes, ces observations et ces coïncidences, afin de les transformer en règles pour la prévision de l'avenir. Et, de cette façon, les Chaldéens se formèrent, à côté de leur fameuse astrologie, une science des présages et de la divination, non moins compliquée, non moins développée et non moins entichée de sa prétendue rigueur scientifique. »

Quant aux procédés d'interprétation et de divination, ils étaient multiples, et les textes que nous aurons l'occasion de citer dans la suite de cette étude nous donneront presque toujours le moyen d'examiner ces procédés ou de les reconstituer par rapprochement avec les textes des autres peuples de l'antiquité, notamment avec la Bible.

A. — Les songes et leur interprétation.

Les dieux, suivant les Chaldéens, révélaient l'avenir aux hommes qu'ils aimaient ou qu'ils haïssaient de mille manières différentes ; les songes sont un de ceux qu'ils employaient le plus souvent. Ce sont en quelque sorte des figures aériennes qui se meuvent, agissent, parlent, et dont tous les mouvements, toutes les actions, toutes les paroles ont un rapport étroit avec les événements futurs. Quelquefois ces messages d'en haut sont assez clairs par eux-mêmes pour n'avoir point besoin d'être interprétés ; mais, le plus souvent, ils s'expriment par symboles et il faut alors, pour les comprendre, avoir recours à des hommes versés dans l'art de les expliquer. De même que les astrologues, ces devins avaient des recueils officiels, dont la doctrine est le résultat des observations recueillies par les générations antérieures. Un ouvrage antique, par exemple, traitait des pronostics des songes et, au VIIe siècle avant notre ère, Aschur-bâni-abla en avait fait faire une copie qui fut déposée dans sa bibliothèque palatine de Ninive. Les tablettes qui constituaient ce recueil offrent de longues énumérations de songes avec l'indication des événements qu'ils annonçaient.

Un fragment en a été publié dans W. A. I. III, 56, 2, dont voici la traduction :

Un homme, dans un rêve,
voit un mâle . . . .
voit le corps d'un chien . . . .
voit le corps d'un ours avec des pieds de . . . . .[1].
voit le . . . . . d'un ours avec des pieds de . . . .[2].

[1] Le nom de l'animal dont il s'agit ici est détruit.
[2] Même observation.

voit le corps d'un chien avec des pieds de . . . . . [1].

. . . .

voit le dieu . . . ? . . . faisant mourir. . . . .

. . . .

. . . .

Cette énumération suppose, particularité fort réaliste, qu'un homme voit un autre homme ou une femme satisfaire sur lui un besoin d'uriner. Mais la tablette est quelque peu frustre et une fracture malencontreuse a fait disparaître les explications de chacun des rêves bizarres que nous venons d'énumérer. Pourtant, ces songes devaient tous être d'un mauvais augure ; car une prière au Soleil, qui en suit la liste immédiatement, demandait à ce Dieu de détourner les présages de ces sombres visions.

Chacun, homme ou femme, pouvait évidemment avoir des songes. Mais des voyants (sabrani) avaient le privilège d'être favorisés par les dieux de rêves prophétiques ; et si ce n'était pas pour eux une sinécure d'être voyants, ce devait du moins être un métier fort lucratif. Nous employons le terme « métier » parce que, selon toute apparence, ils provoquaient ces songes à l'aide de breuvages enivrants. La plupart des temples avaient leurs voyants et leurs voyantes officiels, dont la fonction consistait à recevoir la volonté du dieu, à qui le temple était consacré, soit par une révélation directe (oracle) pen-

[1] Même observation.

dant le jour, soit par l'intermédiaire des songes. Ils étaient installés dans la chambre ou chapelle aménagée au sommet des zikkurat [1]. La porte de la chambre supérieure de la zikkurat de Borsippa, consacrée au dieu Nabu [2] s'appelait *bab assaput*, « la porte de la lèvre, c'est-à-dire de l'oracle [3]. » La chapelle de la zikkurat de Babylone portait le nom de *bit assaput*, [4] « la demeure de la lèvre (oracle), » et était habitée par une femme vouée au dieu Marduk, dont elle était l'épouse terrestre et dont elle recevait la visite pendant la nuit.

Ces voyants étaient évidemment des personnages importants, puisque, dans le poème épique [5] du légendaire Gilgamêsch, nous voyons que ce héros est accompagné constamment de son voyant E'a-bani, qui lui explique ses songes. Ce voyant infaillible était si nécessaire à Gilgamêsch que celui-ci éclate en lamentations lorsque E'a-bani est tué par le monstre Tambukku ; et il ne faut rien moins, pour le consoler un peu, qu'un songe où les dieux lui conseillent d'aller demander à Hasis-adra, le Xi-

[1] Tours, temples à étages superposés ; les étages étaient ordinairement au nombre de sept, commémorant ainsi les sept planètes principales.

[2] Nabu, « parler, prophétiser ».

[3] Inscr. de la Cie des Indes, col. 3, l. 46 : W. A. I. I. 54.

[4] Inscr. de la Cie des Indes, col. 2, l. 43 ; col. 3, l. 24 : W. A. I. I, 54 ; W. A. I. I, 51.

[5] G. Smith, *Assyrian discoveries*, p. 166-177.

southros de Bérose, le secret qui guérira sa maladie.

Les Chaldéens et les Assyriens avaient une telle foi dans le caractère fatidique et divin des rêves, qu'ils leur donnaient place dans l'histoire. Dans presque toutes les relations officielles des guerres qu'ils entreprenaient contre les peuples ennemis ou révoltés, les monarques assyriens emploient à chaque instant l'expression : « Sur l'ordre de tel ou tel dieu », ce qui indique que les dieux étaient consultés par eux, avant qu'ils se décidassent à entrer en campagne, et cela même lorsque les astrologues déclaraient le moment favorable. Nous reviendrons d'ailleurs sur ces consultations spéciales, qui, semble-t-il, avaient besoin parfois d'être, pour ainsi dire, corroborées par des songes nocturnes. Parmi ces récits de songes, nous en citerons plus particulièrement deux, dont nous donnerons la traduction et qui nous sont racontés par Aschur-bani-abla, dans les annales de son règne.

Tê-Umman, roi d'Elam, sachant par sa propre expérience combien dangereux pouvaient être des compétiteurs à la couronne, avait résolu de massacrer les trois fils de son frère et prédécesseur Urtaki, que lui-même avait fait assassiner ; le même sort devait être réservé aux deux fils de l'ancien roi Umman-Aldaschu II. Ces cinq princes s'enfuirent en Assyrie et se refugièrent auprès d'Aschur-bani-abla, qui leur accorda sa protection et refusa de faire droit à la demande d'extradition que lui fit Tê-Umman par le canal de deux ambassadeurs envoyés spécialement à Ninive. Le roi d'Elam déclara alors la guerre au monarque assyrien. D'abord ce fut, entre les deux rois, une guerre à coups de présages : le soleil s'éclipsa peu après son lever, la lune ne se montra pas, etc. Ces phénomènes sidéraux et d'autres de même nature furent interprétés en sa faveur par Tê-Umman ; tandis que, terrifiés par ce qui leur paraissait être des prodiges surnaturels et des avertissements du Ciel, les Assyriens n'osaient s'engager plus avant dans cette guerre. Les circonstances étaient assez graves pour que Aschur-bani-abla fît un sacrifice extraordinaire à sa déesse favorite, Ischtar, dans le temple d'Arbèles. D'ailleurs, Tê-Umman, dans sa jactance, avait dit : « Tê-Umman sera plus fort que Ischtar... Je ne m'arrêterai pas que je ne sois venu livrer bataille avec lui (Aschur-bani-abla). » Ischtar écouta la prière du roi d'Assyrie :

« Ne crains pas, répondit-elle. . . . . L'Elamite ne se tiendra pas debout devant toi et ne t'imposera point son joug. . . . . . »

Dans la nuit même qui suivit [le jour où] je l'avais invoquée, un voyant dormait et il eut un songe nocturne. Au milieu de la nuit, Ischtar se montra à lui, et il me [le] raconta ainsi :

« Ischtar, qui habite Arbèles, est venue devant moi. A droite et à gauche, Elle avait autour d'Elle une nuée éclatante ; Elle tenait l'arc dans sa main, et Elle était sur un char, comme pour combattre. Tu te tenais prosterné devant Elle. Elle avait de la compassion pour toi ; telle une mère pour son enfant. Elle te souriait, Ischtar, la grande Dame parmi les dieux, et Elle fit ses décrets pour toi, ainsi :

« Marche pour faire du butin de guerre ; le pays est ouvert devant toi. Je marcherai, moi aussi. »

Tu lui dis : « Souveraine des Souveraines, partout où tu iras, puissè-je aller avec toi ! »

Elle te répondit : « Je te protégerai. Reste ici, dans le temple de Nabu ; prends-y ta nourriture et bois du vin, au son des instruments ; chante ma gloire, jusqu'à ce que j'arrive. [Alors] ton désir sera accompli et tu connaîtras le vœu de mon cœur. Ton visage ne pâlira pas, tes pieds ne trébucheront pas, tu ne perdras pas ton honneur au milieu de la bataille. » Dans la bonté de sa bienveillance, Elle te protège, et Elle est entrée en fureur contre tous ceux qui n'acceptent pas ton joug.... Elle se tourne contre Tê-Umman, roi d'Elam, qui est odieux à sa face. »

(W. A. I. III, 32) [1].

Aschur-bani-abla suivit ponctuellement les instructions de sa déesse favorite et sa victoire sur le roi d'Elam fut complète.

L'autre songe, dont nous avons parlé, est celui qu'eut Gygès, roi de Lydie, et qui décida ce prince à se constituer le vassal du monarque ninivite. En voici la traduction [2] :

[1] Cf. aussi G. Smith, *History of Assurbanipal*, p. 119-137.
[2] Cf. le texte dans G. Smith, *History of Assurbanipal*, p. 73-75.

A Guggu (Gygès), roi de Luddi (Lydie), pays d'au-
delà de la mer,
lieu éloigné dont les rois mes pères n'avaient pas
connu l'énonciation du nom,
la renommée de mon nom dans un songe Aschur,
le Dieu mon créateur, fit connaître
ainsi : « Embrasse les pieds d'Aschur-bani-abla,
roi d'Assyrie, et
par l'énonciation de son nom conquiers tes enne-
mis. »
Le jour [où] il eut ce songe, il envoya son messa-
ger
pour me saluer. Ce songe, qu'il eut,
par l'intermédiaire de son messager, il me le manda
et me le fit connaître.

. . . .

Avec l'aide d'Aschur et d'Ischtar, les dieux mes
Seigneurs, parmi les gouverneurs
des Gimirraï (Cimmériens), qu'il avait faits prison-
niers, deux gouverneurs
avec des grelots, des chaînes de fer, des liens de
fer, il les attacha et
avec ses lourds présents il [les] envoya devant
moi.

. . . .

(W. A. I. V. col. II, l. 95-110).

Dans une autre circonstance importante, un songe envoyé par le dieu Schin à un voyant donna encore à Aschur-bani-abla la confiance dont il avait besoin ainsi que son armée. Son frère Schamasch-schuma-ukin, vice-roi de Babylone, s'était révolté contre lui et avait fait une alliance offensive avec Ummanigasch, roi du pays d'Elam, et avec les petits rois de la Chaldée méridionale. Toute la Mésopotamie du Sud était en feu et, malgré l'orgueil de sa relation de victoire, le monarque ninivite semble avoir été fort inquiet sur l'issue des événements.

Heureusement, les dieux ne l'abandonnèrent pas.

> En ces jours aussi, un voyant
> à la tombée de la nuit se coucha pour dormir et eut (m. à m. vit) le songe
> suivant : « Sur la vaste terre, par Schin est écrit
> ce qui suit : « A ceux qui contre Aschur-bani-abla, roi d'Assyrie,
> auront comploté le mal [et] auront fait la guerre,
> je donnerai une mort violente ;
> [soit] avec un poignard de fer, [soit] en les jetant dans le feu, [soit] par la famine,
> [soit] par l'embrassement du dieu de la peste (?) je finirai leur vie. »
> J'appris ces choses et je me reposai sur la parole de Schin, mon Seigneur.
>
> W. A. I. V. col, III, l. 118-127.

Dans la suite, Aschur-bani-abla ayant envahi le pays d'Elam, dont le roi Ummân-aldaschu avait refusé de se plier sous son joug, l'armée assyrienne se trouva fort empêchée par une crue subite du fleuve Ididé devenu torrent.

Ischtar encore vint au secours du Roi de Ninive.

> Mon armée vit le fleuve Ididé gonflé et débordant ;
> elle craignit pour le passage.
> [Alors] Ischtar, qui habite Arbèles, à la tombée de la nuit
> montra une vision à mon armée et
> lui parla
> ainsi : « Je marche devant Aschur-bâni-abla,
> le roi qu'ont créé mes mains. »
> Après ce songe, mon armée fut pleine de confiance :
> elle franchit l'Ididé saine et sauve
>
> W. A. I. v, col. v, l. 95-103

B. *Les présages et les prodiges.*

1° *Présages sidéraux.* — Les textes ayant trait aux présages sidéraux et à leur interprétation sont nombreux. Les ouvrages, où les règles d'interprétation étaient exposées formaient une littérature et tenaient une large place dans les bibliothèques sacerdotales et royales de la Babylonie, de la Chaldée et de l'Assyrie. Ces traités spéciaux ne sont pas venus jusqu'à nous dans leur intégrité ; mais nous possédons la table des matières de l'un d'eux conservé dans la librairie d'Aschur-bani-abla et comprenant vingt-cinq tablettes ou chapitres. Chaque chapitre est désigné par sa première ligne ; 11 de ces chapitres sont consacrés aux présages célestes et à l'astrologie. Mais cette table des matières laissant beaucoup de points très obscurs, nous préférons citer d'autres textes plus explicites, dont ci-dessous quelques-uns.

Mois Adar, 14e jour. Une éclipse [de lune] ayant eu lieu, un oracle est donné au roi [de] Kischarra : peste dans la ville d'Ur, destruction de ses forteresses, etc...

W A. I. III, 60 col. II, l. 83.

Mois Adar, 14e jour. Une éclipse de lune [a lieu] ; son oracle [est] : au roi [de] Kischarra il (c. à d. le dieu Schîn) donnera Ur et le pays de Martu.

W. A. I. III, 59, n° 5.

La Lune est visible le 29e jour : bonheur pour le pays d'Akkad, malheur pour le pays de Martu.

W. A. I. III, 61, 2, l. 5

La nuit est longue d'après sa supputation [habituelle] : le vent d'ouest souffle, les jours du roi de Martu seront longs, le cœur du peuple sera [rempli] d'allégresse.

W. A. I. III, 61, 2, l. 25.

Mois Abu, 16e jour. Eclipse [de lune]. Le roi d'Akkad meurt, le Dieu Nergal (dieu de la guerre) dévore [les gens] dans la campagne, 20e jour. Eclipse [de lune] ; le roi du pays de Khatti idem (c. à d. meurt), le roi du pays de Khâti vient et s'empare du trône.

W. A. I. III, 60, col. I, l, 37 sqq.

Tous les passages précédents se rapportent à des éclipses de lune ; mais un grand nombre de textes ont rapport aux évènements que l'on doit attendre de telle ou telle observation relative aux autres astres : planètes, étoiles, comètes, constellations, etc., etc.... Entrer dans l'énumération de ces différents cas serait fastidieux et nous obligerait à sortir du cadre de cette étude.

2° *Présages atmosphériques et terrestres.* Dans le traité en 25 chapitres dont nous avons parlé ci-dessus, 14 chapitres étaient consacrés à des présages terrestres et en particulier à la divination d'après la pluie et les nuages. Les astrologues, en effet, tenant compte de la position des nuages et de l'action qu'ils exerçaient sur l'apparence des astres faisaient rentrer l'étude des nuages nocturnes dans leurs attributions. Mais les nuages diurnes relevaient directement de l'étude des devins, qui interprétaient leur forme et leur couleur.

[Si] un nuage noir-bleu s'élève dans le ciel pendant le jour, le vent soufflera. — [Observation faite] par Nabu-âhê-irba.

W. A. I. III, 59, 8.

C'est là évidemment un pronostic que chacun peut interpréter ; et pourtant les nuées étaient un objet d'étude pour des devins spéciaux que la Bible cite fréquemment.

Du reste, les vents aussi semblent avoir fourni aux devins chaldéens et assyriens matière à présages, si l'on s'en rapporte à un fragment dont le commencement des lignes seul est encore visible.

« Si le vent.....
Si le vent d'ouest souffle.....
Si le vent du Sud souffle pendant la jour.....
Si le vent du Sud souffle pendant la nuit.....

Mais la foudre surtout était une source de présages et les foudres étaient diversement dénommées, ainsi que le prouve le fragment suivant publié par Fr. Lenormant dans le 4e fascicule de son choix de textes cunéiformes.

La foudre.....
La foudre sidérale......
La foudre de Rammânu [1]......
La foudre terrestre......
La foudre d'eau......
La foudre qui brille la nuit......
La foudre de la planète Manma [2]. . . . . .
La foudre de la planète Balum [3]. . . . . .
La foudre de l'étoile (ou de l'astre)......
La foudre. . . . . .

Peut-être la foudre d'eau dont il est question dans ce fragment était-elle la trombe d'eau. Dans l'épopée de Gilgamêsch, le déluge est désigné par

[1] Dieu du tonnerre et de la tempête.

[2] Nom de la planète Mars dans une certaine phase de sa révolution.

[3] Nom de la planète Mars dans une phase différente de sa révolution. — *kakkab balum* en assyrien veut dire « l'étoile qui n'existe pas ». Cette expression s'appliquait à la planète Mars quand celle-ci s'éloignait assez de la terre pour n'être plus visible.

le mot qui signifie « tourbillon, foudre » *abubu*.

Un autre fragment provenait d'un calendrier indiquant jour par jour, dans les douze mois de l'année, les présages qui résultaient de la manifestation du tonnerre.

. . . . bonne, la récolte [du pays sera] excellente ;	[Si] le 27e jour. . . . .
. . . . stable, le cœur [des gens] du pays [sera] réjoui ;	[Si] le 28e jour. . . . .
. . . . la récolte du pays ne sera pas bonne ;	[Si] le 29e jour . . . .
. . . [le cœur des gens du pays] ne sera pas réjoui [et il y aura mortalité ;	[Si] le 30e jour la foudre . . . .
. . . . dans le ciel, et une abondance d'eau coulera dans les canaux ;	[Si] le 5e mois, le 1er jour. . . . .
. . . . la soumission et la paix dans le pays ;	révoltes et divisions dans [le pays]. .
. . . . des pluies dans le ciel et des inondations descendront sur le pays ;	[Si] le 2e jour la foudre tonne . . . . .
. . . . . . [le roi ?] mourra, son pays sera partagé ;	le cœur du pays sera dans l'allégresse, les dieux. .
. . . . des maladies et la mortalité ;	[Si] le 3e jour le tonnerre [gronde]. .
. . . . dévorera, un tremblement de terre ;	[Si] le 4e jour. . famine dans le pays. . . .
. . . .	

Les Chaldéens ont-ils, comme l'affirme Diodore de Sicile (II, 30), interprété l'avenir d'après les tremblements de terre ? C'est possible et même probable. Mais aucun texte cunéiforme jusqu'ici ne permet de vérifier même superficiellement cette assertion.

A coup sûr, les différents aspects de la flamme devaient avoir un caractère prophétique pour les Chaldéens. L'importance qu'on attribuait au dieu Feu dans le système magique et sa puissance contre les maléfices avaient dû forcément conduire à chercher dans la consomption du feu un moyen de divination. D'ailleurs un hymne magique ne dit-il pas à Mirri-Dugga :

« Prophétisant tout ce qu'on peut nommer, tu établis la destinée. »

W. A. I. IV, 14, 2

Le chapitre 6 du livre en 25 chapitres dont nous avons eu, à deux reprises déjà, l'occasion de parler, nous offre le titre suivant : « *Du cinabre est brûlé sur le feu.* »

Il y avait donc au moins une capnomancie ou divination consistant à jeter sur la flamme certaines substances et à interpréter comme présages la manière dont elles brûlaient.

Il y avait aussi une façon de divination par l'eau sur laquelle nous n'avons que des allusions fort obscures, sans que jamais les textes entrent dans le détail ; nous voulons parler de la divination par les coupes magiques dont la possession donnait de grands pouvoirs à ceux qui en étaient maîtres, divination que la Genèse nous montre comme pratiquée par Joseph (XLIV, 5)

D'après le grand ouvrage augural de la bibliothèque palatine d'Aschur-bani-abla, un sens prophétique était attribué à l'éclat plus ou moins grand des pierres précieuses ; mais les tablettes qui ont trait à ce mode de consultation des choses futures sont assez frustes et il est impossible d'en tirer une révélation scientifique. Peut-être la divination des Hébreux par *Urim* et *Thummim* était-elle de la même nature, et peut-être aussi ces deux espèces d'objet n'étaient-elles autres que des pierres précieuses placées dans le pectoral du grand-prêtre et consultées par lui dans les cas graves où l'on avait besoin de déchirer le voile qui cache les événements futurs.

La valeur prophétique attribuée par les Chaldéens à la tératologie devrait peut-être rentrer dans la partie de cette étude consacrée aux augures ; mais le développement que l'astrologie avait donné à la généthliaque nous fait préférer l'examen immédiat de cette partie de la science divinatoire chaldéo-assyrienne sur laquelle nous sommes actuellement le mieux renseignés. La destinée de chaque homme, croyait-on, est liée intimement à l'état du ciel au moment où il naît. La conséquence de cette idée était de rattacher à l'action des positions sidérales toutes les monstruosités que présentaient les enfants nouveaux-nés [1]. Cette influence particulière devait, on le conçoit, amener à observer attentivement ces monstruosités, « reflet de l'état du ciel, d'où dépendaient toutes les choses terrestres ; par suite on pouvait y lire l'avenir avec autant de certitude que dans les étoiles elles-mêmes. »

Les textes relatifs à cette partie de l'art divinatoire des Chaldéo-Assyriens sont nombreux, mais ils ne sont pas toujours faciles à traduire et beaucoup présentent encore de grandes difficultés, dues à des termes spéciaux le plus souvent. M. Oppert a, le premier, traduit [2] un long texte publié dans le tome III de *Cuneiform inscriptions of Western Asia*, p. 65. C'est une énumération de soixante-douze cas de naissances monstrueuses et des prédictions y appliquées. En voici quelques passages dont la traduction est certaine.

[Si] une femme accouche d'un enfant :
qui ait les oreilles d'un lion : un roi puissant [régnera] sur le pays ;
qui n'ait pas d'oreille droite : les jours du roi [atteindront] à la vieillesse ;
qui n'ait pas d'oreilles : le deuil [sera] dans le pays et le pays [sera] affaibli (ou diminué) ;

[1] Cicéron, *De divinatione*, II, 46.
[2] *Journal asiatique*, 6e série, t. XVIII p. 449 sqq.

qui ait l'oreille droite petite la maison de l'homme [1] [sera] ruinée ;

. . . .

. . . .

qui n'ait pas de bouche : la dame de la maison mourra ;

. . . .

qui n'ait pas de langue : la maison de l'homme [sera] anéantie ;

. . . .

qui n'ai ni nez ni organes virils : les armes du roi [seront] fortes, la paix [sera] dans le pays, les gens du roi [seront] protégés contre les influences néfastes et la *Lilit* ne pourra rien contre eux ;

. . . .

qui n'ait pas de pied droit : la maison [sera] anéantie, mais [il y aura] abondance dans la maison du voisin ;

qui n'ait pas de pied : les canaux [seront] rompus ? et la maison anéantie ;

. . . .

qui ait des dents formées : les jours du Seigneur (roi) [parviendront] à la vieillesse, le pays [sera] puissant contre les pays étrangers, [mais] la maison [de la naissance sera] anéantie.

Nous avons omis volontairement certaines monstruosités qui nécessiteraient les connaissances d'un médecin accoucheur sur les diffé-

[1] Du père ; peut-être aussi de l'homme chez qui l'accouchement avait lieu.

rentes positions que prend la tête du nouveau-né, et d'autres qui seraient mieux à leur place dans un livre sur la tératologie que dans une étude de la nature de celle-ci. Un fragment publié par Fr. Lenormant dans son *Choix de textes,* sous le n° 87, et traduit par lui, est relatif aux naissances monstrueuses qui se produisaient dans les accouchements des reines.

[Si] une reine accouche :
d'un mâle...... : la royauté [sera] malheureuse ;
d'un hermaphrodite : la royauté [sera] abattue ;
d'un enfant aux dents formées : les jours du roi [seront] prolongés ;

. . . .

d'un enfant mâle et d'un enfant femelle en même temps... le pays [sera] agrandi ;

. . . .

d'un serpent : le pays [sera] fort ;
d'un enfant à la face de lion : le roi n'aura pas de rival ;
d'un enfant qui [ait] six doigts à la main droite : [l'ennemi] opprimera ;
d'un enfant qui [ait] six doigts à la main gauche : [l'ennemi] opprimera ;
d'un enfant qui [ait] six doigts au pied droit : [l'ennemi] opprimera ;
d'un enfant qui [ait] six doigts au pied gauche : .... fera..... ;
d'un enfant qui [ait] six doigts aux deux [pieds], à [celui de] droite et à [celui de] gauche : le roi dominera le pays ennemi.

D'autres textes établissent quelle importance les Chaldéens, et plus tard les Assyriens, attribuaient aux cas de naissances monstrueuses chez les animaux. Presque toutes celles-ci intéressaient l'Etat, soit qu'il s'agît de simples monstruosités, soit qu'il s'agît de femelles mettant bas des animaux d'une autre espèce. Mais l'énumération de ces textes, qui sont nombreux dans le 3e volume des *Cuneiform inscriptions of Western Asia* et dans le *Choix de textes* de Lenormant, serait fastidieuse.

C. — *Les augures.*

Les Chaldéens et les Assyriens, comme d'ailleurs tous les peuples de l'antiquité, avaient établi de prétendues règles logiques permettant d'interpréter l'avenir par l'observation des manifestations naturelles de certains phénomènes et par l'étude de certains objets.

C'est ainsi que les cris, l'apparence et la façon de voler « des oiseaux du ciel, des oiseaux aquatiques et des oiseaux terrestres » donnaient lieu à des augures importants.

De même les entrailles des victimes offertes en sacrifice aux différentes divinités. Ainsi :

De l'âne. — Les entrailles de droite ont-elles des marques ? [Il y aura] inondation.

Les [mêmes] entrailles de droite sont-elles noires et contournées ? Les dieux accorderont de l'accroissement au pays du roi.

Celles de gauche sont-elles noires et contournées ? Les dieux n'accorderont point d'accroissement au pays du roi.

. . . .

Celles de droite sont-elles contournées et de couleur noire-bleue ? Les gémissements (ou pleurs) entreront dans le pays du roi.

Celles de gauche sont-elles contournées et de couleur noire-bleue ? Les gémissements (ou pleurs) n'entreront pas dans le pays du roi.

L'examen du foie et des poumons était encore un des moyens employés pour dévoiler l'avenir. Nous n'avons, d'ailleurs, que l'énoncé des cas. Mais quels augures, généraux ou particuliers, tirait-on du fait que ces parties du corps des victimes avaient, pour moitié seulement ou en totalité, telle ou telle grandeur, telle ou telle contexture, une couleur noire, grise, noire-bleue ou rouge ? Nous ne le savons pas, puisque la tablette qui pourrait nous l'apprendre est brisée par le milieu et que toutes les explications augurales ont disparu. De même aussi, quelles conclusions dégageait-on de l'apparence, de la couleur et du volume du cœur ou de la vésicule biliaire ? Ezéchiel, il est vrai, nous donne de précieuses indications sur ces différents augures, lorsqu'il nous parle de Nabu-kudurra-uçur (XXI, 26). Mais les textes cunéiformes, à notre connaissance du moins, ne nous donnent pas la réponse à cette question.

Comme il n'y a pas de petits présages et que tout, dans la nature, peut donner de grands avertissements à qui sait observer, les Chaldéo-Assyriens n'avaient garde de négliger d'examiner les plus minimes incidents. C'est ainsi que l'agitation des végétaux et le bruit du vent dans les feuilles des arbres et des buissons, qui produisaient des oracles (Juges, IX, 37) à David (II Samuel, V, 24) et à Deborah (Juges, IV, 5), ne pouvaient manquer d'être interprétés par les Chaldéo-Assyriens, qui semblent avoir connu et pratiqué toutes les interprétations de l'aruspicine et de la science des présages dans l'antiquité. C'est ainsi également que le serpent dut être un animal augural des plus importants, si l'on tient compte de ce fait que E'a, le dieu de la science et de l'intelligence, avait un serpent pour principal emblème. Les textes cunéiformes, il est vrai, n'ont pas encore révélé le rôle de ce reptile dans la science des augures. Mais ne peut-on pas, sans rien approfondir, accepter, au moins en principe, l'existence de ce rôle si important chez les peuples primitifs et surtout chez les nations d'origine sémitique ?

Quant aux chiens, ils avaient, en Chaldée et en Assyrie, une importance considérable et ils étaient néfastes par excellence, — du moins les chiens étrangers, puisque les textes cunéiformes, et ceux d'Aschur-bani-abla plus particulièrement, nous apprennent que ces animaux étaient nourris en grand nombre dans les palais, soit pour la garde, soit pour la chasse. La présence des chiens étrangers était néfaste, disons-nous. En effet :

« Un chien jaune (?) entre dans le palais : le palais sera détruit ;
un chien rouge entre dans le palais : le palais sera dévasté par l'ennemi ;
un chien entre dans le palais et mord (?) [une personne] : le palais sera détruit par....
un chien entre dans le palais et s'allonge sur le lit : dans le palais, on ne [concevra plus (?)]
un chien entre dans le palais et monte sur le trône : le feu consumera le palais.

. . . .

Un chien noir entre dans le temple : la durée d'existence du temple sera instable.

. . . .

Un chien rouge entre dans le temple : les dieux abandonneront le temple.

(*Choix de textes*, n° 89)

D'autres fragments de tablettes donnent les augures tirés de la présence dans un palais, un temple ou une maison, de chiens qui y commettent des incongruités de toute sorte ; tous ces augures sont mauvais.

Les textes de la littérature augurale des Chaldéens ne font pas mention, jusqu'ici, du rôle des mouches, des rencontres fortuites et des paroles entendues par hasard.

Mais un autre moyen d'interpréter l'avenir était l'examen des maisons et des édifices publics.

> Une maison apparaît comme vieille à [ses] habitants : c'est un augure mauvais.
>
> (W. A. I. III, 52.)

Quant à la chiromancie et à la prédiction des choses futures par l'examen du crâne, rien ne prouve encore que les Chaldéo-Assyriens les aient pratiquées ou même connues.

D. — *Procédés de divination par les flèches.*

Le plus simple de ces procédés était l'emploi des sorts. Or, ces sorts étaient consultés par le moyen de flèches, petits bâtons sans pennes ni pointes, selon toute apparence.

> Chap. 12. Des flèches sont lancées, dans la ville et sur ses canaux, loin de la terre.
>
> (W. A. I. III, 52.)

Ces flèches, d'ailleurs, devaient être employées fréquemment, car des cylindres babyloniens et assyriens nous les montrent assez souvent. Elles étaient tenues à la main, au nombre de huit, par Aschur, par Marduk [1], ou par Ischtar [2]. Les textes cunéiformes ne mentionnent

[1] Layard, *Culte de Mithra*, pl. XXXII, nº 2 ; LIV, A, nº 5.
[2] Layard, *Culte de Mithra*, pl. XXXVII, nº 1.

que rarement, une fois seulement à notre connaissance, ce mode d'interprétation de l'avenir. Mais Ezéchiel nous l'indique ainsi :

23. Et la parole de Iahveh me fut [encore adressée] et il dit :
24. Et toi, fils de l'homme, propose-toi deux chemins par où l'épée du roi de Babylone doit venir, [et] que tous deux sortent d'un même pays, et choisis-les ; choisis-[les] là où commence le chemin de la Ville (Babylone).
25. Tu te proposeras le chemin par lequel l'épée doit venir, ou contre Rabba des Ammonites, ou contre Juda de Jérusalem, [ville] fortifiée.
26. Car le roi de Babylone s'est arrêté dans un chemin fourchu, au commencement de deux routes, pour consulter les devins ; *il a poli* (?) *les flèches*, il a interrogé les idoles, il a examiné le foie.
27. La divination est, à sa main droite, contre Jérusalem, pour y mettre des béliers, animer la tuerie, crier l'alarme à haute voix, ranger les béliers contre les portes, dresser des terre-pleins, bâtir des bastions.
28. Et cela sera à leurs yeux comme une divination de mensonge. Ils ont fait de grands serments ; mais il se souviendra de [leur] perfidie, de telle manière qu'ils seront captifs.

(Ezéchiel, XXI, 23-28)

Non seulement ce passage établit que le sort était consulté à l'aide de flèches, mais encore il précise l'emploi qu'on faisait de ces flèches.

Dans le passage ci-dessus, par exemple, ces flèches furent polies, mêlées et lancées par Nabukudurra-uçur, non point pour savoir s'il y aurait lieu d'entreprendre la campagne, mais seulement afin de voir quelle ville il devrait d'abord attaquer. C'était donc là un mode de divination secondaire, d'une signification restreinte.

Du reste, la divination par les flèches se faisait encore, comme nous l'avons vu dans le passage cité plus haut, à l'aide d'un autre procédé. Soit avec la main, soit plutôt avec l'arc, on lançait des flèches dans une certaine direction, dans le but de tirer une indication augurale de la distance parcourue par elles et, sans doute aussi, de la position qu'elles avaient prise en tombant. Ce mode de divination était d'ailleurs connu des Hébreux (II Rois, XIII, 14-19. I, Samuel, XX, 19-40).

E. — *Procédés divers.*

Le nombre, nous l'avons vu, jouait un grand rôle dans les pratiques magiques des Chaldéo-Assyriens. Il en jouait un aussi en matière de divination. Mais lequel ? Comment l'employait-on ? Nous ne le savons point.

Ce présage apprend [ceci] : L'ennemi prendra la ville du roi et ses habitants ; les décès et la faim.... — .... sur ta tablette le nombre que tu auras énoncé te [le] fera savoir, et avec.....

(W. A. I. III, 52, recto).

De même, les sorciers malfaisants évoquaient les morts suivant les besoins et suscitaient les mânes des habitants du royaume souterrain, du *mat la taïrat*, contre celui auquel ils voulaient nuire. Dès lors, et malgré le silence des textes cunéiformes, il nous semble permis d'admettre le témoignage d'Iamblique, quand il nous atteste que la divination par l'évocation des morts florissait à Babylone. N'est-ce pas là d'ailleurs la conséquence logique des idées des peuples de la Mésopotamie sur les relations qui existaient, au point de vue magique, entre les morts et certains vivants ? Des lors encore, la ventriloquie, état particulier d'un individu dont les entrailles, croyait-on, sont habitées par un esprit et surtout par l'esprit d'un mort, ne devait-elle pas créer une classe à part de devins à laquelle, Josèphe le dit formellement [1], appartint plus tard la fameuse prophétesse d'Endor ?

. . . .

En résumé, l'étude des procédés de divination employés par les Chaldéo-Assyriens est loin d'avoir réuni des textes précis comme ceux que la magie nous offre en grand nombre. Si

[1] *Ant. Jud.* VI, 14, 2.

l'astrologie et la divination par l'étude des organes des victimes ou par la présence de certains animaux dans un lieu donné sont assez bien connues, les autres modes d'interprétation de l'avenir ne sont encore actuellement, et pour longtemps peut-être, que l'objet d'hypothèses assez plausibles, il est vrai, mais seulement d'hypothèses.

ACHEVÉ D'IMPRIMER

LE 15 OCTOBRE 1893

Sur les presses de

BUSSIÈRE FRÈRES

Saint-Amand (Cher)

POUR LA

LIBRAIRIE DE L'ART INDÉPENDANT

11, RUE DE LA CHAUSSÉE-D'ANTIN, 11

PARIS

www.ingramcontent.com/pod-product-compliance
Ingram Content Group UK Ltd.
Pitfield, Milton Keynes, MK11 3LW, UK
UKHW031927260826
14628UKWH00003B/1475

9 782019 132132